AF317666

CONFESSIONS

D'UN

HOMME DE COUR,

CONTEMPORAIN DE LOUIS XV;

RÉVÉLATIONS HISTORIQUES

SUR LE XVIIIme SIÈCLE :

PUBLIÉES

Par J. Dusaulchoy et P.-J. Charrin.

TOME QUATRIÈME.

———

PARIS.

WERDET, LIBRAIRE-ÉDITEUR,

RUE DES GRANDS-AUGUSTINS, N. 21.

LECOINTE. — LEQUIEN.

—

1830.

CONFESSIONS

D'UN

HOMME DE COUR.

IMPRIMERIE DE A. BARBIER,
RUE DES MARAIS S.-G., N. 17.

CONFESSIONS

D'UN

HOMME DE COUR,

CONTEMPORAIN DE LOUIS XV;

RÉVÉLATIONS HISTORIQUES

SUR LE XVIIIME SIÈCLE:

PUBLIÉES

Par J. Dusaulchoy et P.-J. Charrin.

TOME QUATRIÈME.

PARIS.

WERDET, LIBRAIRE-ÉDITEUR,

RUE DES GRANDS-AUGUSTINS, N. 21.

LECOINTE.—LEQUIEN.

1830.

CONFESSIONS

D'UN HOMME DE COUR,

CONTEMPORAIN DE LOUIS XV;

RÉVÉLATIONS HISTORIQUES

SUR LE XVIIIme SIÈCLE.

CHAPITRE XXXV.

Le maréchal de Contades, le prince de Soubise et le duc de Broglie. — Victoires de Sunderhausen, de Lutzelberg et de Berghem. — Bataille de Minden. — Je suis fait prisonnier. — Déroute complète.—Actes valeureux du marquis d'Armentières et du lieutenant-colonel de Boiscléreau.

Après les honteux échecs que nous venions d'éprouver, le marquis de Contades, devenu le plus ancien lieutenant-général, fut nommé pour commander en chef l'armée, d'abord par intérim, et enfin, comme maréchal de France. Sa probité, son désintéressement, son amour sévère de la discipline, son desir de bien faire, avaient déterminé le roi à l'agréer, sur la présentation de M. de Belle-Isle, et sur les instances réitérées de madame et de M. de Séchelles.

L'opinion publique ne lui accordait ni un grand jugement, ni de solides connaissances; elle allait même jusqu'à le désigner comme une tête à perruque, peut-être parce qu'il était le seul qui eût conservé, à l'armée, l'habitude d'être en habit de ville et en grande perruque, ce qui contrastait étrangement avec les uniformes des officiers et des soldats.

Quoique le prince de Soubise se fût déshonoré à la bataille de Rosback, la disgrâce que lui attira sa conduite coupable n'eut pas une longue durée : au lieu de lui refuser tout service militaire ainsi qu'il le méritait, le roi le chargea du commandement d'un corps détaché dans notre armée ; mais en même temps, la cour crut devoir lui associer le duc de Broglie, à titre de conseil. Or, la division aux ordres de M. de Bélancour, à laquelle mon régiment était attaché, fut envoyée pour faire partie de ce corps.

Bientôt je vis une jalousie mutuelle s'élever entre les deux généraux. Le duc de Broglie, faisant les avant-gardes du prince de Soubise, ne l'attendit jamais, prit tout sur lui, agit toujours seul, et risqua tout. Dans le pays de Cassel, grâce au baron de Clausen, général de grande espérance, fort heureux, fort sage, fort exact, fort savant, et qui était son bras droit, il eut le bonheur de battre le prince d'Isenbourg, à Sunderhausen, et de gagner la bataille de Lutzelberg sur les Hanôvriens, les Hessois et les Anglais réunis. Cependant, la cour fit honneur de cette bataille au prince de Soubise; elle allait même prononcer en sa faveur au sujet des indécentes querelles des deux rivaux, quand la bataille de Berghem, près de Francfort-sur-le-Mein, donnée très-à propos et gagnée par M. de Broglie, mit tellement la France dans le parti de ce dernier qu'il ne fut plus possible de lui donner tort.

On considéra cette bataille comme un chef-d'œuvre militaire. Je conviens qu'elle acquit au vainqueur beaucoup de gloire; mais, en l'examinant mûrement, le chevalier d'Erigny et moi, il nous a paru démontré que la victoire que l'on a tant préconisée, fut un coup de bonheur, en faveur du général français, et le résultat d'une faute commise par le prince Ferdinand, plutôt que l'effet de la grande habileté de M. de Broglie.

Après avoir vu l'ennemi faire une irruption dans les quartiers de son armée, il fortifia Berghem et s'y retrancha avec vingt-deux mille hommes : voilà tout son mérite. Le prince Ferdinand vint, avec quarante-quatre mille, attaquer des retranchemens garnis d'une armée; il fut repoussé et s'éloigna : voilà sa faute. Souvent, avec cinquante mille hommes, on s'arrête des mois entiers à attaquer de faibles garnisons dans les places de guerre, et on ne les prend pas. Tel est précisément le cas de la bataille de Berghem : si le prince Ferdinand s'était représenté le lendemain, peut-être eussions-nous été battus. Au reste, si ce prince ne s'obstina point et se retira, c'est parce qu'il avait rempli son objet principal, qui était de détruire nos magasins et d'empêcher d'avance le succès de la campagne prochaine.

- La bataille de Berghem fit alors tant de

bruit que le prince de Soubise fut obligé de se désister, en apparence, de tout partage dans l'honneur qui en était le prix : pourtant il n'en prétendit pas moins ensuite qu'il avait, le premier, reconnu l'emplacement de Berghem, et conséquemment que le duc de Broglie lui avait dû la position qu'il avait prise ; mais, on connaissait trop généralement son ignorance, il ne persuada personne.

Dans cette circonstance, le duc de Broglie dut une bonne partie de sa victoire au baron du Blaisel, lieutenant-général d'un grand mérite et d'un grand courage. Chargé de défendre Giessen, petite place de la Hesse, qui était ouverte de tous les côtés, il soutint glorieusement un siége contre le prince Ferdinand, et son opiniâtre valeur sauva les quartiers du Mein et du Rhin, en donnant le temps de les rassembler. Après la bataille dont il avait ainsi préparé le succès, il poursuivit les ennemis jusqu'au sein de la Hesse, de son propre mouvement, sans en avoir reçu l'ordre, et sans autres secours que mon régiment et quelques guerriers déterminés (1). M. de Bélan-

____

(1) Je reconnus ensuite pourquoi le baron du Blaisel s'exposait

cour ne s'était pas opposé à cet acte de témérité, que le chevalier d'Erigny désapprouvait comme n'offrant aucun but utile. J'en fus cruellement puni, car m'étant engagé trop avant, un parti de Hessois m'enveloppa; en cherchant à percer leurs rangs épais, mon cheval est tué sous moi, je tombe, la lame de mon sabre se brise dans cette lourde chute, et, quelque rapidité que j'aie mise à me relever et à vouloir m'emparer du fer d'un de mes dragons étendu sans vie à mes côtés, j'ai la douleur de me voir réduit à l'impossibilité de combattre. Mon intention a été devinée, mon mouvement prévu; sans armes, entouré d'hommes plus jaloux de s'emparer de moi que de me tuer, je suis fait prisonnier, gardé à vue et conduit, après la bataille de Minden, dans la tente du prince héréditaire qui m'accueille avec tous les égards dus au courage malheureux.

Je ne saurais exprimer le chagrin, les re-

---

si témérairement : c'était le désir de faire du butin qui l'emportait au-delà des bornes ; dans les troupes légères où il avait servi, ce brave homme avait contracté l'habitude d'être un infatigable pillard et un grand dépensier.

grets que me causa la perte de ma liberté, au moment où mes braves compagnons d'armes faisaient des prodiges de valeur, exposaient glorieusement leur vie pour leur prince et pour leur pays. Jamais je n'ai connu de peine plus profonde, plus sincère, mieux sentie, que celle que j'éprouvai de ne pouvoir partager leurs nobles périls. Je dirai plus tard ce que le prince de Brunswick daigna faire pour adoucir les regrets, la captivité de celui qu'il appelait le digne ami d'un héros dont, ainsi que moi, il déplorait la perte récente et prématurée, de ce vaillant comte de Gisors. Historien fidèle, je dois achever la tâche que je me suis imposée, celle de rapporter avec impartialité les succès, les revers de l'armée française.

Quoique je ne fusse plus sous mon drapeau, je n'ai rien ignoré de ce qu'il m'était important de savoir. Je continue donc mon récit comme si je n'avais cessé d'être à la tête de mes dragons qui, privés de leur colonel, furent commandés par le chevalier d'Érigny avec plus d'habileté, de sang-froid, de prudence, qu'ils ne l'eussent été par moi.

L'échauffourée dont je venais de recevoir seul le châtiment, valut à ceux qui revinrent au camp français, quelques brocards de la part des officiers, et, de celle du baron de Beausobre, un fort long sermon sur la prudence réunie au courage. On reconnaissait dans ce vieux lieutenant-général, des talens militaires, une expérience qu'il avait su mettre à profit, mais il n'exista jamais peut-être un plus imperturbable conteur. Jadis il lui était arrivé, en Flandres, une aventure assez plaisante. Etant alors colonel de hussards, il recommandait sans cesse la vigilance aux officiers de son régiment. « La vigilance, leur disait-il, est une des vertus les plus importantes pour un militaire ; je me suis étudié si constamment à l'acquérir, qu'il m'est à présent démontré qu'il serait impossible aux plus madrés de me surprendre. » Or donc, une belle nuit, le très-vigilant baron était paisiblement couché dans son lit, quand il voit entrer des hussards. Ceux-ci lui remettent un ordre, au nom du maréchal de Saxe. Cet ordre lui prescrit de monter à cheval à l'instant, sans dire un mot à personne, et de venir trouver le maréchal avec l'escorte qu'il lui envoie. Aussitôt le bon de Beausobre de s'habiller ; le desir de prouver à son général le zèle qui l'anime abrège sa toilette, il saute sur le cheval que les hussards lui ont amené, et le voilà en route. Mais quel est son désappointement et sa confusion, quand il apprend que sa vigilance a été grandement en défaut, que ce n'est point chez le maréchal de Saxe qu'on le conduit mais à l'armée ennemie, et qu'il est prisonnier de guerre ! Cette merveilleuse vigilance ne lui avait pas fait reconnaître que les hussards étaient Autrichiens et qu'ils lui présentaient un ordre faux. Depuis cette aventure, crainte de nouvelles surprises, toutes les fois que cet honnête baron de Beausobre s'est trouvé à la guerre, il ne s'est jamais couché.

Mais revenons au maréchal de Contades. Après les succès du corps détaché, aux ordres de MM. de Soubise et de Broglie, à Sundershausen et à Lutzelberg, le maréchal reconquit toute la Westphalie, excepté Lipstadt. Dans cette circonstance, les dispositions qu'il prit furent très-bien combinées, très-savantes et dirigées par la prudence. Sentant son peu de lumières, M. de Contades avait du moins le bon esprit de suivre docilement les avis des hommes plus éclairés que lui, et c'était le comte de Saint-Germain qui, dans cette cir-constance, lui avait secrètement tracé sa règle de conduite. On ne manqua donc ni de vivres, ni de fourrages. Ce que les officiers devaient exécuter étant clairement expliqué, il en ré-sultait une prévoyance qui faisait réussir tou-tes les marches des détachemens; la confiance et la discipline commençaient à renaître dans l'armée française ; tout annonçait pour nous de brillans triomphes, et, pour l'armée des alliés, une destruction inévitable. Le prince Ferdinand n'avait plus d'autre ressource que le camp retranché où il était à Minden ; il ne s'agissait que de le tourner pour le battre, et la guerre finissait en Westphalie.

C'est alors que le maréchal de Contades arriva dans la plaine de Minden. Depuis six mois, son plan de bataille qu'il avait arrangé, sous la dictée de M. de Saint-Germain, était gravé dans sa tête et détaillé dans ses papiers. Malheureusement, à cette époque, tous les plans que pouvaient concevoir les généraux français, quelque sages qu'ils fussent, étaient subordonnés à l'arrivée des courriers du cabinet qui, régulièrement, leur apportaient, dans une lettre, la décision prise à Versailles, pour leur prescrire tous les mouvemens que les circonstances du moment auraient dû seules décider, et que les changemens journaliers dérangeaient ou rendaient fautifs. Or, la veille du jour même que le maréchal a fixé pour donner le signal de marcher en avant, il voit arriver un de ces courriers. Le contenu de la dépêche qu'il lui remet, le fait pâlir, un morne désespoir se manifeste sur sa figure. M. de Saint-Germain n'est point auprès de lui pour le guider, puisqu'il est employé au corps détaché du prince de Soubise, il n'a pour conseil que le major - général Cornillon, homme aussi borné que lui : il en résulte qu'il sera hors d'état de prévenir ou de réparer les sottises que fera l'ignorance et les trahisons dont la perfidie le menace.

Le nouveau plan qui lui est imposé détruit complètement le sien ; les dispositions qu'il a concertées n'auront pas lieu, plus de retraite

assurée, plus de défilé propre au dégorge-
ment des équipages en cas d'échecs, et cependant, il n'y a pas à reculer, il faut le lendemain marcher à une défaite certaine qu'un miracle seul pourrait empêcher. Pour surcroît de malheur, un traître, du nombre de ceux qui entourent le maréchal, trouve le moyen de tirer copie de l'ordre de bataille que le malheureux général est obligé de suivre, et une heure après, cet ordre est entre les mains du prince Ferdinand à qui un déserteur a été chargé de le porter. Tout concourant ainsi à lui promettre la victoire, le prince écrit aussitôt à *Freikag*, le Fischer des Hanôvriens : « Je vous préviens que je bats demain les Français près de Minden. Emparez-vous, dans la matinée, des défilés marqués sur la carte d'autre part, et s'il échappait un équipage français, je vous rends garant des événemens. »

Jouant ainsi à coup sûr, le prince Ferdinand attend l'armée française. Elle se présente devant celle des alliés, mais sans ordre; le centre marche et ne suit aucune direction fixe; un détachement commandé par le duc

de Brissac, se perd et se bat pour son compte;
au lieu d'attaquer les ennemis par leur gauche, ainsi qu'elle le doit, la droite que commande le duc de Broglie, désobéit, ne donne
point et se retire, sous le prétexte que les
retranchemens sont impraticables. Tous les
efforts du comte de Saint-Germain pour animer la gauche, qui est sous ses ordres, ne
produisent aucun effet, et ce vertueux ré-
parateur des sottises d'autrui a seul l'embarras d'une pénible retraite dont le duc de
Broglie s'attribue ensuite la gloire. Notre
centre est battu, dissipé, et le maréchal
ne fait rien, ni pour rétablir l'affaire, ni
pour assurer la retraite. Enfin, saisie d'une
terreur panique, l'armée se débande et fuit
précipitamment. La seconde ligne de la cavalerie était en déroute avant que la première
fût aux mains.

Les alliés durent tous les avantages de cette
journée aux Anglais. Cependant les Anglais
n'avaient été que braves; aucune règle n'a-
vait dirigé leur attaque; seulement ils s'é-
taient serrés en colonne; mais ils attaquaient
des bataillons pris en flanc, à files ouvertes,

et qui, par leur marche, se trouvaient prolon-
gés et sans appui. Tout fut désordre et confusion.

Le mal eût encore été bien plus grand et
eût produit plus qu'une déroute, si l'on n'eût
réparé à propos une imprudence du baron
de Waldner, lieutenant-général suisse, officier brave et honnête, mais d'un esprit singulièrement borné. Il venait d'abandonner
les défilés de Minden, qu'on l'avait chargé
de garder, et qui étaient le seul passage par
lequel nous pouvions nous retirer. Heureusement un de ses amis lui fit sentir la
grave imprudence qu'il venait de commettre, et le baron eut encore le temps de reprendre ces défilés. Sans le conseil de cet
ami, la perte totale de l'armée était imman-
quable.

La faute qui causa les événemens funestes
que je viens de décrire, fut la seule qu'on reprocha au maréchal de Contades; mais on
n'aurait pas eu à la lui reprocher sans les ordres ineptes ou perfides envoyés de Versailles,
et auxquels il n'eut pas la force de résister.
Il fut si abattu de ce revers, que se sentant

incapable de le réparer, il se retira, ou plutôt s'enfuit sur Francfort, et ne fit plus rien jusqu'à son rappel (1).

Il y eut cependant des faits honorables pour le nom français dans cette campagne si malheureuse. De ce nombre fut une expédition très-difficile dont s'acquitta glorieusement le marquis d'Armentières, général que sa vivacité rendait peu propre au commandement en chef, mais qui était admirable pour commander une réserve, faire une avant-garde, attaquer ou défendre une place, inquiéter les ennemis, exécuter un coup de main. Lorsque le maréchal de Contades marchait sur Minden, pour y enfermer le prince Ferdinand, il détacha cet officier-général, à la tête d'une réserve de huit mille hommes, avec mission de faire le siége de Lipstad. Il est certain que si le prince Ferdinand eût été forcé

---

(1) Alors, il n'y eut pas de mauvaises pasquinades qu'on ne se permît contre ce malheureux maréchal. On fit une brochure intitulée : *Correspondance entre le général et le major-général.* Dans cette facétie, à chaque page M. de Contades, demandait à M. de Cornillon : *Que ferons-nous ?* M. de Cornillon lui répondait : *Que faire !* Tout le reste du livre était en blanc.

à Minden, Lipstadt tombait de lui-même.
Les Français étaient alors maîtres de Munster,
que le marquis d'Armentières avait pris précédemment avec beaucoup de promptitude et
de valeur. La déroute de Minden changea
toutes les dispositions. Au lieu de se porter
sur Cassel et le pays du Hanovre, la guerre
reflua sur Francfort et sur le Rhin. On voulait
pourtant conserver Munster, qui se défen-
dait vigoureusement contre trente mille hommes, commandés par le général Imhoff et le
comte de la Lippe, mais était fort mal ap-
provisionnée. Eh bien ! afin de retarder la
reddition de la place, le marquis d'Armentières sut avec tant d'adresse dérober ses
marches à l'ennemi qui le cherchait, et dont
il traversait les cantonnemens, qu'il parvint
à faire entrer dans Munster un convoi de
quatre cents chariots, et à se retirer en bon
ordre, en affrontant les plus grands dangers (1).

(1) Ce convoi était conduit par le marquis d'Auvet, jeune lieutenant-général, probe, valeureux et zélé ; mais il n'avait puisé son
instruction que dans la gendarmerie. Privé des occasions de prati-
quer, ce corps, ainsi que la maison du roi, ne pouvait fournir

Quoique le marquis de Gaillon, maréchal-de-camp, commandât la place, l'honneur principal de la défense appartint à M. de Bois-cléreau.... Parvenu, par son ancienneté, au grade de lieutenant-colonel du régiment de Durfort, on ne voyait en lui qu'un bon homme, et on lui avait donné, comme une espèce de retraite, la lieutenance de roi de Munster, parce qu'on ne croyait cette place menacée d'aucun siége; mais le ciel en avait décidé autrement; elle fut assiégée, et il était très-difficile qu'elle résistât, car, fort grande et mal fortifiée, elle n'avait, pour toute garnison, qu'un bataillon de Réding Suisse, dix-sept piquets d'infanterie, et deux bataillons de milice avec quelques dragons. Il en eût fallu au moins le double pour la défendre, si elle eût été attaquée avec vigueur et intelligence; mais les Hanovriens ne savaient pas conduire un siége; le comte de la Lippe, leur plus habile général pour cette partie, n'y

que des théoriciens. On disait à l'armée que la manière la plus honnête de quitter le service, c'était d'entrer dans la gendarmerie ou dans la maison du roi.

entendait rien. Les marais qui environnent
Munster séparaient leur armée en plusieurs
camps. M. de Boiscléreau était toujours sur
eux, ruinait tous les travaux; poussait ses
sorties jusqu'à ces camps, et même les força
d'en replier trois dans une nuit. Malgré une
conduite si digne d'éloges, il n'en est pas
moins vrai que le secours amené par le marquis d'Armentières ne servit qu'à prolonger
un peu la défense de la place; cette belle défense dura soixante jours, et couvrit de gloire
M. de Boiscléreau.

Pendant la déplorable déroute de Minden,
le maréchal de Belle-Isle reçut une leçon de
prévoyance qu'il n'oublia jamais, et qui lui
apprit qu'un ministre ne doit écrire qu'en chiffres les dépêches contenant des instructions
secrètes. Il avait négligé cette précaution dans
plusieurs lettres adressées au maréchal de
Contades. Plein du trouble que lui causait le
renversement de son plan de campagne, ce
dernier oublie que son portefeuille ne doit jamais le quitter, il le fait mettre dans ses gros
équipages; les ennemis s'en emparent; le
prince Ferdinand fait imprimer et publier les

dépêches de M. de Belle-Isle, et quoique ces pièces secrètes attestent des sentimens d'un ministre citoyen qui aime son maître et l'état, quoiqu'elles tendent au succès de la cause commune, elles aliènent contre lui les Saxons, le militaire, la cour palatine, et presque toutes les régences de l'Allemagne.

Un fait d'un autre genre égaya l'armée; il concernait le comte de Béthune, colonel-général, lieutenant-général de la cavalerie. C'était un fort brave homme, mais d'une rare simplicité. Avant la bataille il écrivit à Paris une lettre contenant ces mots :

Ferdinandus, Ferdinanda, Ferdinandum, Dindonus, Dindona, Dindonum, nous allons lui couper les oreilles, etc.

Cette lettre eut le même sort que celles de M. de Belle-Isle : elle fut interceptée et décachetée par le prince Ferdinand; après la bataille il la fit imprimer, et le bon comte de Béthune devint, pendant quelques jours, l'objet des plaisanteries de tout Paris. Tandis qu'il excitait ainsi l'hilarité générale, il dit à une dame allemande : — « Je parie que vous ne » pourriez pas faire l'anagramme de mon

» nom. — Vous vous trompez , lui répondit-
» elle vivement , rien n'est plus facile : dans
» votre nom , je trouve exactement...... —
» Quoi? — *Une bête !*

CHAPITRE XXXVI.

Témoignage d'estime et d'amitié que je reçois du prince héréditaire de Brunswick. — Son oncle le prince Ferdinand m'envoie à Wolfenbuttel. — Mon arrivée dans cette ville. — Réception que me fait le gouverneur. — Il me présente à sa femme et à sa fille. — Portraits. — Soirée musicale. — Le petit cousin.

J'AI dit que les Hessois qui m'avaient fait prisonnier me conduisirent au prince héréditaire. On se rappelle que Brunswick, après la malheureuse affaire où périt si glorieusement le comte de Gisors, fut chargé, par son oncle, d'avoir une entrevue avec moi, et que cette entrevue amena une suspension d'armes de vingt-quatre heures, pendant laquelle, nous rendîmes ensemble des honneurs solennels aux restes du jeune héros que venait de perdre la France.

Cette circonstance, plus encore que les égards qu'on devait à mon rang, au nom que je porte, a contribué à rendre supportable mon séjour dans la ville de Wolfenbuttel (1), ancienne résidence des ducs de Brunswick où je fus envoyé par le prince Ferdinand.

J'étais assuré d'y jouir d'une entière liberté, ayant engagé ma parole d'honneur de ne faire aucune tentative pour m'évader. Je fus même l'objet d'une faveur particulière que je dus à la bienveillante amitié du prince héréditaire, celle d'entrer en correspondance avec la France, en remettant mes lettres ouvertes au gouverneur de la citadelle, à qui seraient adressées les réponses également ouvertes. C'était un puissant adoucissement à mes ennuis que la facilité d'écrire à ma femme, à mes bons parens, à mes amis, et de recevoir de leurs nouvelles.

Le prince héréditaire voulut, à mon départ pour ma résidence forcée, me donner un témoignage non équivoque de son estime, en me rendant porteur d'une recommandation pressante pour le gouverneur de Wolfenbuttel, où, jusqu'à nouvel ordre, mon

___

(1) Place forte sur l'Ocker, à deux lieues au sud de la ville de Brunswick.

jeune courage allait être condamné à une désespérante oisiveté.

J'arrivai dans cette ville le 8 août 1759,
dès le matin, sept jours après la bataille de
Minden.

Le gouverneur, M. Frédéric Broun, me
reçut avec une politesse étudiée; il me fut
aisé de voir que les attentions qu'il aurait
pour moi seraient des égards prescrits par
ordres supérieurs; mais cela m'importait peu,
l'essentiel était qu'il en eût.

Ce militaire, âgé de soixante ans environ,
grand, sec, très-vain de ce qu'il appelait ses
éminentes fonctions, avait une tournure
grotesque, un maintien compassé, un abord
froid, une figure commune et sévère. D'un
esprit assez borné, mais ayant de lui-même
la plus haute opinion, il était très-égoïste,
passablement riche et fort avare. Le rire, l'a-
ménité se montraient rarement sur son visage;
rigide observateur de la discipline, on trouvait toujours M. Frédéric Broun plus disposé
à blâmer, à punir ses subordonnés, qu'à témoigner son contentement ou à excuser des
fautes légères.

J'appris de M. Broun, qui baragouinait assez plaisamment le français, que, si j'étais sans argent, il avait ordre du prince de Brunswick, de ne m'en pas laisser manquer. Je fus vivement touché de cette nouvelle marque de bonté et d'estime.

— « Il faut, monsieur le colonel, me dit avec humeur M. Broun, que vous soyez placé bien haut dans la faveur du prince.

— » En seriez-vous fâché, monsieur le gouverneur ?

— » Fâché! fâché! non; mais tant de prévenances pour un prisonnier de guerre, c'est singulier... c'est surprenant, c'est inouï!...

— » J'en conviens, interrompis-je en riant, je suis né sous une heureuse étoile.

— » Je m'en aperçois.

— » Le seul événement malheureux dont je puisse à bon droit me plaindre est celui qui m'a conduit ici.

— » Et vous appelez cela un événement malheureux?

— » Quel autre nom lui donner, s'il vous plaît, ne suis-je pas votre prisonnier?...

— » Oui, d'une drôle de manière! on m'ordonne de vous donner de l'argent, de vous laisser faire tout ce qu'il vous plaira.... Corbleu! on ne m'a pas si bien traité moi, qui ai trois fois été pris.

— » Vous, M. Frédéric Broun!... et trois fois encore?

— » Oui, M. de Lénoncourt, oui, trois fois, et avec honneur, je m'en flatte. Les affaires étaient chaudes, corbleu! et ce n'est qu'après une résistance aussi opiniâtre qu'héroïque, que j'ai rendu mon épée.

— » J'ai sur vous l'avantage de n'avoir pas rendu les armes, mon sabre s'est brisé dans mes mains.

— » Pensez-vous, M. le colonel, qu'on n'ait pas fait ses preuves, qu'on ne soit pas connu pour un brave?

— » Pensez-vous aussi, M. le gouverneur, que Gustave de Lénoncourt soit tombé au pouvoir de l'ennemi sans convaincre ses assaillans qu'il était digne de commander à des dragons français?

— » C'est cela, il y a, selon vous, plus de mérite, plus de gloire à commander à des dragons français qu'à des hussards allemands?

— » M. Broun aurait-il l'intention de blesser mon amour-propre ?

— » M. Broun ne blesse personne, retenez
bien cela , M. le marquis.»

Ce brave homme parlant mieux sa langue
que la mienne ne comprenait pas qu'il se lan-
çait une épigramme assez mordante.

— « En ce cas il ne serait pas généreux de
vous déclarer la guerre ; soyons amis, M. le
gouverneur,» répliquai-je en souriant et en
lui tendant cordialement la main ; il hésita
d'abord à avancer la sienne, mais n'osant
refuser, il répondit froidement au témoignage
de fraternité que je lui donnais.

— « M. le protégé du prince, continua
M. Broun, en fronçant le sourcil, on va vous
montrer votre logement, S. A. R. m'ordonne
de vous laisser libre dans la ville, j'obéirai. Je
dois vous prévenir cependant que si, conce-
vant la folle présomption de mettre en défaut
ma surveillance, vous tentiez d'en sortir,
je ferais alors très-rigoureusement mon devoir...

— » Soyez sans inquiétudes, ma parole est
sacrée; d'ailleurs je ne m'exposerai pas à

encourir la juste sévérité d'un homme tel que vous. »

Je ne sais si M. Brouu fut contrarié ou satisfait de cette réponse, que je fis en contenant avec peine l'envie de rire que me causaient l'air d'importance, le ton hautain qu'il avait pris, car sa figure resta dans une complète immobilité.

Sans ajouter un mot à l'entretien que je viens de rapporter, je fus conduit par les gens du gouverneur, dans une chambre assez bien meublée, un bon lit m'invita à prendre quelques heures de repos, je me couchai et m'endormis bientôt.

A mon réveil, Augustine, mon fils, eurent mes premières pensées ; mon père, ma mère, M., Mme de Bélancour, le chevalier d'Érigny et l'excellent abbé Rigobert, s'unirent bientôt à eux dans mon souvenir. O combien je souffrais d'en être séparé, sans prévoir le terme de cette douloureuse séparation ! Je pris la plume et écrivis longuement à ma chère Augustine. Je la rassurai sur mon sort présent, sur mon avenir, beaucoup plus riant que ne l'est ordinairement celui d'un prisonnier de

guerre; mais les attentions dont j'étais l'objet ne pouvaient m'empêcher de maudire ma
fatale destinée; arrêté presqu'à mon début
dans une carrière où d'éclatans succès pouvaient m'illustrer; réduit à mener une vie
tranquille, monotone, quand le bruit des
armes, le tumulte des camps, l'existence du
soldat si active, si fertile en périls, mais si
riche de gloire, avaient tant de charmes pour
moi. Séparé de mes braves dragons, du vaillant mentor que j'aimais à l'égal de mon père,
dont j'honorais le caractère, les talens, dont
j'admirais la rare vaillance, je tombai dans
une profonde tristesse; j'éprouvais même le
dégoût de la vie.

Cette noire mélancolie devait peu durer;
non loin de moi un être séduisant, aimable, allait bientôt non-seulement dissiper
mes sombres ennuis, mais électriser mes
sens, réveiller mes desirs, me bercer des
plus douces chimères, et m'enivrer de vo-
luptés.

Je portai ma lettre à M. Broun; il en prit
connaissance, elle ne donna lieu à aucune
observation de sa part, et il me promit de

suivre, pour la faire parvenir à sa destina-
tion, les instructions qu'il avait reçues.

— « On est entré chez vous, M. le colonel,
me dit le gouverneur, pour vous avertir que
le dîner était servi; vous dormiez, j'ai voulu
qu'on respectât votre sommeil.

— » Je vous sais gré, monsieur, de cette attention, répondis-je.

— » Dans le dessein de vous être agréable
et d'aller même au-delà des intentions de
S. A. R., continua-t-il, je vous offre ma table
et la société de ma famille, moyennant toutefois une pension dont madame Broun ré-
glera le prix avec vous : vous serez mieux
chez moi que dans un hôtel et je pourrai plus
facilement exercer la surveillance qui m'est
prescrite. »

Ce motif et celui de conserver dans son
coffre-fort une partie de l'argent qu'il aurait à
me remettre, avaient sans doute déterminé le
gouverneur à me faire des offres si obligeantes.
Je le remerciai néanmoins et je l'assurai que
j'étais flatté de l'honneur qu'il voulait bien me
faire.

— « Madame Broun, quoique née à Berlin,

me dit-il, a été élevée à Paris chez une de
ses parentes, elle parle très-correctement le
français. Emma, ma fille, y a fait aussi son
éducation et le connaît également fort bien.
Vous pourrez donc causer avec elles. Il est
bon que vous sachiez qu'il est peu de personnes dans cette ville dont vous compren-
driez le langage et qui comprendraient le
vôtre. »

Il appuya sur cette dernière phrase en prenant un air radieux et un ton qui laissaient en-
trevoir combien son orgueil était satisfait de
m'offrir un tel avantage. Je lui en témoignai
ma gratitude.

Huit heures sonnèrent.— « M. le colonel,
poursuivit le gouverneur, la pendule m'avertit qu'on nous attend pour souper. Je vais
vous présenter à madame et à mademoiselle
Broun. »

Je m'attendais à voir deux personnages,
aussi empésés, aussi ridicules, que le chef de
la famille, mais je fus agréablement surpris.
La jeune Emma était ravissante de beauté,
d'éclat et de fraîcheur. Sa mère, très-belle
encore, devait avoir trente-deux à trente-

trois ans et paraissait être la sœur aînée de sa fille. Une grande ressemblance existait entre elles ; à peu près de la même taille , elles avaient le même son de voix.

Ces dames que je saluai de la manière la plus polie, me rendirent gracieusement mon salut. En leur témoignant combien je me trouvais heureux d'être admis à leur table , je priai madame Broun de me pardonner le dérangement que mon séjour dans sa maison devait nécessairement causer. Sa réponse fut des plus obligeantes. Le souper me sembla parfait ; et mes jolies hôtesses me parurent plus appétissantes encore que le souper.

En quittant la salle à manger , nous pas-sâmes dans un très-grand salon où je remar-quai quelques tableaux, une harpe , un vio-lon, un piano , une table chargée de porce-laines de Saxe et une table de jeu. Ces dames étaient musiciennes, M. Broun aimait le wisk, le boston , le reversi, je pouvais faire ma partie avec tout le monde , mais j'avoue que ce n'est pas le grave gouverneur que j'aurais choisi pour partenaire.

La conversation s'engagea naturellement;

madame Broun s'exprima avec autant de
grâce que d'enjouement et de facilité; la charmante Emma, d'abord timide, réservée, me
donna bientôt l'occasion de remarquer la justesse, la vivacité de son esprit. Le gouverneur
causa peu, et m'annonça que je pouvais
chez lui agir sans cérémonie. Il me présenta
du tabac, une pipe et une bougie allumée;
je le remerciai en l'assurant que je n'avais
point l'habitude de fumer. — « Vous vous
privez d'un grand plaisir, M. le colonel, dit-
il en chargeant ce qu'il nommait son bijou
d'écume de mer, puis il alla se placer à une
des fenêtres donnant sur un jardin dépendant
de la citadelle, et là il savoura et laissa lentement s'échapper de ses lèvres épaisses et ser-
rées, une blanche vapeur plus agréable pour
lui que les plus suaves parfums.

Je profitai de ce moment pour demander
à ces dames, si elles voulaient faire de la musique; ma proposition fut acceptée et de
nombreux recueils ouverts. Leur choix fut
le mien, madame Broun disposa sa harpe,
Emma prit place au piano, moi j'accordai
le violon, et nous exécutâmes d'une manière

supérieure, plusieurs sonates d'Haydn, qui,
jeune encore, avait acquis déjà la plus brillante réputation. J'étais en verve, je me sur-
passai et reçus au moins autant d'éloges que
j'en prodiguai à ces dames.

M. Broun applaudissait, s'extasiait sans
quitter sa pipe qu'il chargea et fuma trois ou
quatre fois.

Un jeune homme en entrant dans le salon,
sans qu'on l'eût annoncé, interrompit notre
concert. — « Ah ! vous voilà, petit cousin,
s'écria le gouverneur, vous venez tard aujourd'hui; » et il s'empressa de nous présenter
l'un à l'autre.

L'arrivée de ce cousin me contraria, je
l'examinai avec autant d'attention qu'il en
mit à me regarder. D'une taille moyenne,
bien fait et d'une figure assez agréable, son
ton, ses manières annonçaient la suffisance
et la fatuité.

M. Broun lui tendit la main, madame
lui lança à la dérobée un coup-d'œil caressant, l'accueillit avec un aimable sourire;
Emma ne parut ni satisfaite ni mécontente de

sa visite, quoiqu'il se fût approché d'elle avec empressement.

Ces nuances que j'avais saisies, en physionomiste plus exercé que mon respectable ami le comte de Bélancour, m'amenèrent à des conjectures que je me promis d'approfondir et que j'approfondis en effet.

M. Albert Wolf, petit-fils d'une tante de madame Broun, né et élevé en France, ayant étudié la médecine à la faculté de Montpellier, y avait été reçu docteur. Dans l'espoir sans doute d'épouser mademoiselle Emma qu'il avait connue à Paris, le jeune Esculape venait se fixer dans le duché de Brunswick, mais il était facile de voir que la petite cousine n'était nullement tentée de réaliser la douce espérance du petit cousin.

M. Wolf nous invita à continuer. Emma, pour avoir un prétexte de refus, prépara et servit le bischoff. Madame Broun pria le docteur de chanter. — « Volontiers, répondit-il, si vous voulez m'accompagner.» La belle cousine préluda, et le jeune fat, toussant, crachant, se donnant des airs, puis grimaçant, levant les yeux, posant la main sur son cœur, soupira tendrement la romance la plus sentimentalement ennuyeuse que j'aie entendue de ma vie.

— « A vous, M. le colonel, me dit le gouverneur, lorsque M. Wolf eut achevé sa complainte, il faut que ce soir tous vos talens nous soient connus. Un duo avec ma fille. Je joue passablement de la flûte, je serai de la partie. Emma, votre partition d'*Armide*, c'est du Lulli !... Comme lui un jour, notre Gluck dont le début a été si brillant, et qui depuis quinze ans a fait tour à tour les délices de Milan, de Venise, de Londres et de Vienne, notre Gluck, dis-je, s'immortalisera. Je ne serais même pas surpris qu'il surpassât tous ses rivaux de gloire, qu'il opérât dans la musique une révolution... Quel homme que Gluck ! mais il n'a point encore exercé son génie sur des poèmes français. Parlez-vous l'italien, M. le marquis ? — Non, mais je le chante, répondis-je. — Tant mieux ! nous essayerons *la Caduta degli giganti*, *dom Giovani et Antigono*. Commençons par Lulli, demain Gluck aura son tour.

Nouveau Renaud, j'exprimai avec chaleur,

avec âme, les tendres feux qu'Armide m'inspirait, et mon Armide ne mit pas moins de
sentiment et d'expression dans l'exécution
de ce duo. Le gouverneur était dans un ravissement inexprimable, sa femme parut très-
satisfaite, le petit cousin nous *honora* d'un
suffrage menteur.

« Quel malheur que vous ne sachiez pas la
langue allemande, s'écria M. Broun; avec
une voix comme la vôtre, une si belle mé-
thode ! — Si M. le marquis veut l'apprendre,
je lui donnerai volontiers des leçons, et je me
fortifierai en même temps dans la langue
française, interrompit Emma en rougissant
et en baissant les yeux. » Je n'avais garde de
refuser. M. et madame Broun ne s'opposè-
rent point à cette offre obligeante. M. Wolf
fit une triste figure. Je craignais de sa part
quelques fâcheuses réflexions, mais le gouverneur nous fit observer que la soirée était
avancée. Le docteur se retira et chacun de
nous rentra dans son appartement.

CHAPITRE XXXVII.

Séduisante institutrice.—Rapides progrès.—Madame Broun
et M. Wolf.—Antipathie d'Emma pour le petit cousin.
— Les tableaux. — Joie immodérée du gouverneur. —
Je deviens l'ami intime de la famille.—Ma présentation
dans la haute société de Wolfenbuttel. — J'aime, je suis
aimé. — Sage et courageuse résolution. — Singuliers
aveux. — La somnambule. — Moment d'oubli.

LE lendemain, après le déjeuner, pendant
lequel nous parlâmes de la soirée de la veille,
en nous promettant de nouveaux plaisirs pour
celles qui devaient la suivre, je priai la charmante Emma de me donner ma première leçon de langue allemande; elle y consentit.
Sa mère, d'abord par bienséance, puis ex-
citée par la curiosité de connaître les talens
de sa fille pour l'enseignement, et sans doute
le degré de capacité dont j'étais doué, resta
près de nous. Le gouverneur, que ses grandes
occupations appelaient au dehors, nous sa-
lua et sortit.

Malgré les distractions que me causaient ma ravissante institutrice, et les grâces vraiment séduisantes de madame Broun, que je regardais furtivement et avec un plaisir que je me reprochais quand mes yeux se reportaient sur Emma, je compris facilement ce qu'elle m'expliquait avec une rare facilité. Quelques mots, qui d'abord me parurent durs, discordans, impossibles à prononcer comme on me les disait, furent répétés par moi de manière à étonner ces dames. Dès lors elles me prédirent de grands et rapides progrès; j'en fis effectivement de prodigieux.

Le petit cousin, qui jamais ne venait que le soir, entra subitement comme la veille, fut moins poli, montra un peu d'humeur, me regarda de travers, et pria madame Broun de vouloir bien lui accorder un moment d'entretien *particulier*. Qu'elle fût ou non étonnée de cette demande faite d'un ton qui frisait la brusquerie, elle ne s'empressa pas de répondre au desir de M. Wolf. La leçon servit de prétexte à cette hésitation, mais le docteur insista. La belle cousine sortit avec lui.

Emma et moi nous nous regardâmes en souriant malignement. Nous avions l'un et l'autre la même pensée, et tous les deux nous étions enchantés d'être débarrassés de l'importun parent.

Je fis à mademoiselle Broun plusieurs questions sur ce petit cousin. J'avais deviné juste; elle avait pour lui une antipathie très-prononcée.

— «Papa veut en faire mon mari, me dit-elle, mais maman sait que je le déteste. Elle est bonne, elle m'aime, elle plaidera ma cause et la gagnera, quoique papa soit sur ce chapitre d'un entêtement inconcevable.

» M. Albert ne songe à m'épouser que pour ma dot, j'en ai la certitude. Eh bien, Monsieur! croiriez-vous qu'afin d'obtenir le consentement de mon père, qui tient plus encore à son argent qu'à sa fille, Wolf a eu la fausseté d'affirmer qu'il renoncerait sans peine aux avantages qui me sont promis. Cela ne se peut pas, monsieur le marquis, le petit cousin est un amant sans amour, un médecin sans malades, un prétendu sans fortune. Le beau mariage que je ferais là!

— » Sans amour ! c'est impossible , charmante Emma ! qui pourrait vous voir sans vous aimer ?...

— » M. Albert Wolf.

— » Je n'en crois rien, vous êtes si jolie !

— » A vos yeux peut-être , dit-elle en rougissant , mais aux siens non ! les ducats et les risdales de mon père ont bien plus d'attraits pour lui. Il est aussi intéressé , qu'il est ennuyeux, insupportable. M. Wolf n'est épris que de sa ridicule personne ; en tous cas, s'il n'a pas d'amour pour moi , je suis loin d'en avoir pour lui, car je l'exècre.

— » Cette antipathie ne prouve pas que jamais vous ne l'aimerez...

— » Quoi ! vous aussi, M. Gustave, vous pensez qu'on peut aimer quelqu'un que l'on abhorre ?

— » Oui, charmante Emma, l'amour naît quelquefois de la haine.

— » C'est sans doute pour cela que M. Wolf a osé me dire : « Vous me détestez, ma cousine, je préfère ce sentiment exagéré, malgré tout ce qu'il a d'affligeant pour moi, à une parfaite indifférence. Vous l'avouerai-je même ?

je crois y trouver l'assurance de mon bonheur....

— » Expliquez-vous , m'écriai - je avec
effroi.

— » Ma charmante cousine , me répondit-
il en souriant, on ne hait pas long-temps ceux
qui nous aiment, et dont les actions tendent à
nous plaire : plus vous serez maussade , in-
juste, méchante, plus je me montrerai docile, attentif, prévenant ; vous m'aimerez,
Emma, vous m'aimerez.

— » Jamais , jamais M. Wolf.

— » Plus tôt que vous ne le pensez, si je le
veux bien fermement.

— » Quelle présomption ! vous êtes donc
bien persuadé de votre mérite.

— » Non , ma chère cousine , mais je connais le cœur des femmes....

— » Le mien excepté, M. Wolf, et je vous
le répète : jamais, non jamais je ne vous ai-
merai.» En lui disant cela, je le quittai plus
décidée que je ne l'avais été jusqu'alors , à
toujours le haïr.

Emma mit une vivacité, une chaleur ex-
trèmes à me raconter cette conversation et

son dépit me causait une joie que je cherchais à dissimuler.

— « Mais, lui dis-je, ce que je viens d'entendre me prouve que vous vous trompez en supposant que M. Wolf a pour vous cette tièdeur de sentiment, dont j'étais loin de soupçonner son cœur. Tout en lui annonce au contraire une passion vive, ardente. Il est jaloux....

— » De son ombre, c'est vrai, mais il ne résulte pas de cela que je l'aie mal jugé. Ce travers, car c'en est un chez lui, tient à son caractère soupçonneux, maussade, insociable ; tout le gêne, l'offusque, l'irrite. Votre présence ici le désespère : tant mieux! il cessera peut-être d'y venir, et conséquemment de m'ennuyer. Ah ! vous n'êtes pas le premier qui ayiez excité sa jalouse humeur. J'en ai déjà bien souffert!...

— » Comment! il se pourrait, que cherchant à vous plaire, il eût pour vous si peu d'égards, de ménagemens ?

— » Des ménagemens, des égards ! M. Wolf ne connaît pas cela. En quelqu'endroit que nous nous trouvions ensemble, s'il voit des

jeunes gens, près de maman ou près de moi,
M. Wolf est soucieux, bourru, impoli; soudain les traits de son visage se rembrunissent,
s'altèrent, il devient laid, il me fait peur.

— » Quoi! il est également jaloux de Madame votre mère?

— » Ah! mon Dieu oui, Monsieur, il n'y a
que papa, qui sans échauffer sa bile, puisse
avoir qui bon lui semble autour de lui. »

Ce que j'entendais confirmait la justesse de
mes observations de la veille.

Madame Broun rentra seule, elle avait congédié le petit cousin. A sa figure animée, à
son maintien un peu embarrassé, je présumai que l'entretien particulier s'était terminé
par une vive altercation.

Ma présence pouvait gêner ces dames, je
crus voir que madame Broun brûlait du désir de conter à sa fille ce qui s'était passé
entre elle et M. Wolf; je pris donc congé
d'elles, bien convaincu que la naïve Emma
me dirait, à la première occasion, ce qu'elle
allait apprendre de sa mère.

En parcourant les différens quartiers de la
ville, j'achetai plusieurs toiles, montées sur

châssis, une boîte à couleurs, des crayons, des pinceaux. Je fis également emplette de quelques morceaux de musique les plus nouveaux que je trouvai. J'envoyai tout cela chez le gouverneur, et visitai les principales curiosités de Wolfenbuttel. Elles consistent en un magnifique château, qu'ont habité les ducs régnans avant de fixer leur résidence à Brunswick, en trois églises paroissiales, la chancellerie, l'arsenal et une bibliothèque riche en manuscrits, et dont le nombre des volumes s'élève à deux cent mille environ. Lessing en a été l'un de ses conservateurs (1).

Je fus fâché d'apprendre que ce littérateur dont les fables, les poésies, et plusieurs autres productions étaient fort estimées en Allemagne, et qui après avoir travaillé au journal de Woss, en publia un avec le célèbre juif Mendelsohn, sous le titre singulier, du *Meilleur des*

______

(1) Je suis surpris que Lessing ait abandonné cette place, mais non qu'il l'ait ambitionnée, tant son goût pour les livres était prononcé.

On assure que son père ayant desiré le faire peindre à l'âge de six ans, jouant avec un oiseau, l'enfant ne voulut pas poser, et qu'il ne consentit à ce qu'on fît son portrait qu'à la condition que l'artiste le représenterait entouré d'un nombre considérable de livres.

plus mauvais Livres, était parti depuis quelque temps pour Breslaw (1) où il remplissait les fonctions de secrétaire du général Tanenzien. Sa réputation m'avait inspiré un vif desir de le connaître.

A mon retour à la citadelle, j'offris à madame Broun et à Emma la musique qu'on avait apportée. En voyant mes autres emplettes, la famille fut enchantée. M. Broun aimait les tableaux, mais il n'en achetait pas; il était trop avare. Ceux qui ornaient son salon avaient appartenu à son bisaïeul, ainsi que la majeure partie des meubles, véritables raretés, dignes de figurer dans la galerie d'un antiquaire.

On m'accabla de questions sur l'emploi que j'allais faire des toiles montées sur châssis, et enduites d'une couche de blanc. Emma me demanda, si je peindrais des fleurs, sa mère, si j'étais paysagiste, et le gouverneur, si je reproduirais les exploits de quelques guerriers fameux. En me disant cela, il

---

(1) Lessing y mourut de la fièvre, après avoir dit que ce qu'il craignait le plus était la conversation du vieux docteur Morgan-Besser, son médecin, qu'il avait déjà tant de peine à supporter en santé.

se redressa, et prit un air aussi martial, que celui de l'incomparable don Quichotte de la Manche.

Pour satisfaire toute la famille, je promis à Emma une riche et galante corbeille; à madame Broun, une vue de son jardin et de la citadelle; au gouverneur, non l'un des trois combats, où sommé de mettre bas les armes, il avait si héroïquement rendu son épée; mais celui où il s'était le plus distingué, voulant le placer sur le premier plan.

— « Comment, M. le colonel, un trait de ma vie, un tableau d'histoire ! et vous *attraperez* ma ressemblance, me dit-il d'un air joyeux.

— » Oui M. le gouverneur, je vous *attraperai*, j'en suis sûr.»

M. Broun devient fou de plaisir, sa figure s'épanouit, il saute, m'embrasse, me serre les mains, et s'écrie : C'est admirable, c'est divin ! vos talens perpétueront dans ma famille un noble et glorieux souvenir ! Que de grâces j'ai à rendre à S. A. R., de vous avoir envoyé à Wolfenbuttel ! Vous méritez, je le vois, les témoignages éclatans d'estime et d'amitié, dont le prince vous honore, et je crois maintenant à tout le bien que S. A. R. dit de vous. Aussi, M. le colonel, trouverez-vous en moi, le surveillant le plus indulgent : allez, venez, faites ce qu'il vous plaira dans la citadelle, au-dehors ; je fermerai les yeux ; mais ne nous quittez pas sans qu'un cartel d'échange vous rappelle en France. Ce qui, je l'espère, ne peut avoir lieu avant la paix. »

Cette dernière phrase me fit un mal affreux, la guerre pouvait durer plusieurs années encore... Mais Emma, en l'entendant, parut si contente, que je me serais reproché de troubler sa joie, en répondant au gouverneur, que j'espérais bien ne pas faire un si long séjour dans le duché de Brunswick. Je me contentai donc de répéter à M. Broun, que l'honneur était pour moi la sentinelle la plus sévère, la plus incorruptible.

J'épargne à mes lecteurs, les minutieux incidens qui varièrent peu l'emploi et les plaisirs des premiers huit jours que je passai à la citadelle, où bientôt je fus regardé comme l'ami intime, très-intime de la famille. A force de s'occuper de moi, M. et madame

Broun ne s'en occupèrent plus. J'étais marié, on le savait; puisque le gouverneur avait lu ma lettre à Augustine. Mes assiduités près d'Emma ne causèrent donc nul ombrage. Je commençai et continuai chaque jour, sous ses yeux, mes tableaux, et devins à mon tour le maître de ma jolie institutrice. Je lui montrai à peindre les fleurs, avec autant de plaisir qu'elle en trouvait à m'initier dans les difficultés de la langue allemande.

Le gouverneur n'assistait que rarement à nos soirées; mais le petit cousin n'en manquait pas une. Souvent j'accompagnais Emma et sa mère, chez les personnes les plus notables de la ville, on m'accueillit avec distinction, empressement; plusieurs dames me prodiguèrent même, plus que des attentions; Emma s'en aperçut aussitôt que moi, et les maisons où j'étais l'objet de quelques préférences étaient celles qu'elle eût désiré que sa mère cessât de fréquenter assiduement. M. Wolf, toujours instruit dans la journée, de nos projets du soir, venait nous rejoindre partout où nous allions. Emma ne faisait plus attention à son humeur, à ses bouderies, que ma présence et les mercuriales de madame Broun rendaient moins apparentes et plus rares. Il ne parlait plus de son amour, de son desir d'obtenir la main de la petite cousine. Mais il était si prévenant, si assidu près de madame Broun, qu'Emma pensa qu'il cherchait à l'endoctriner, comme il avait endoctriné son père.

Je donnais à ce changement de conduite un motif bien différent, et dans cette circonstance encore l'événement me prouva que je ne m'étais pas trompé.

Les remarques que j'ai faites en parlant d'Emma ont sans doute appris à mes lecteurs ce qu'elles m'avaient révélé.

Cette naïve et charmante fille, sans chercher à se rendre compte du sentiment de préférence qui l'attachait à moi, sans se défier de la force progressive qu'il acquérait, croyant ne céder qu'à l'empire de l'amitié, ouvrit, sans défiance, son cœur à l'amour, et cet amour que réprouvaient l'honneur, la vertu, cet amour qui flattait ma vanité, que j'avais vu naître et s'accroître avec une joie secrète, que j'alimentais par ce langage élo-

quent, persuasif et doucereux à la fois, par
ces attentions, ces égards, ces riens impor-
tans près des femmes; enfin par tout le ma-
nége de la galanterie, si puissant sur les âmes
neuves et pures, mais fatiguées d'indifférence
et altérées du besoin d'aimer; cet amour,
dis-je, dont Emma ignorait le danger et
que je croyais ne partager que comme un
homme habitué à changer souvent d'idoles,
m'effraya quand je reconnus que si mademoiselle Broun avait l'imprudente faiblesse
de m'aimer, moins excusable qu'elle, je l'aimais éperduement.

L'unique parti que j'avais à prendre était
d'éviter les occasions de me trouver seul avec
Emma, de l'avertir même du péril qu'elle
courait en se livrant au charme dangereux
de ces doux entretiens qui dépensaient si dé-
licieusement la majeure partie de nos jour-
nées; l'un et l'autre nous aimions l'étude des
langues, la musique, la peinture; mais le plaisir d'être ensemble, et surtout sans témoins,
nous les faisait aimer plus ardemment encore.
Si nous eussions étudié isolément, le travail
nous eût bientôt inspiré le dégoût et l'ennui.

Plus j'interrogeais mon cœur, plus la passion qui le dominait semblait s'accroître; plus je consultais mes souvenirs, plus j'accumulais d'irrécusables preuves de l'amour d'Emma. Je voulais la fuir, et je sentais que sa présence était indispensable à mon repos, à mon bonheur.

L'avenir affreux qu'une faiblesse coupable devait réserver à cette nouvelle victime de mes égaremens s'offrait à mon esprit troublé, agitait douloureusement mon âme bourrelée par les remords; le mépris des droits sacrés de l'hospitalité, la voix de l'honneur, les nœuds qui me liaient à Augustine combattaient mes désirs, m'imposaient l'impérieuse loi de respecter Emma, de l'oublier même. Une lutte longue et pénible s'engagea entre le devoir et l'amour. Enfin je fus content de moi, je pouvais l'être en effet, car pour la seconde fois depuis mon mariage, je domptais mes sens impétueux, en prenant l'héroïque résolution de soustraire une jeune fille inexpérimentée, prête à se donner à moi, aux chagrins, aux regrets amers qu'une première faute entraîne toujours à sa suite.

Je me trouvai fort embarrassé lorsque je revis Emma. J'étais descendu au jardin pour rêver en liberté au sage projet que je méditais : arrivé près d'un bosquet où cent fois d'agréables leçons, de séduisans entretiens, nous avaient fait oublier la fuite des heures, j'aperçus Emma. Elle tenait un livre qu'elle ferma soudain, et gracieuse, vive, enjouée, elle accourut au devant de mes pas.

Son aspect fit sur moi une impression qu'elle remarqua. Mon trouble, mon air confus, mon maintien, tout lui parut étrange.

— « Qu'avez-vous donc, M. Gustave, vous est-il parvenu de France quelques fâcheuses nouvelles? me dit-elle en passant son bras sur le mien. Vous ne répondez pas !.... Ne suis-je donc plus votre confidente, votre amie !...

—» Vous, Emma, vous m'êtes au contraire plus chère que jamais.

—» Confiez-moi donc alors le sujet de vos peines... Eh bien, monsieur, vous restez muet... je veux... j'exige...

—» Emma, répliquai-je le cœur gonflé de soupirs et cherchant à reprendre le courage

que j'ai perdu en sa présence, Emma, le changement que vous remarquez en moi, est le
résultat de réflexions sérieuses, très-sérieuses.

— » Et pourquoi donc sérieuses?.. Vous regrettez sans doute votre heureuse France,
vos amis, votre fem.... votre famille. Votre
âme belliqueuse gémit des chaînes que les
hasards et les lois de la guerre lui imposent.
Je m'efforce pourtant de vous les rendre légères... »

Quelques larmes échappées des yeux
d'Emma, tombent brûlantes sur mes mains,
que ses mains étreignent avec tendresse.

— «Chère Emma!» m'écriai-je en la serrant
sur mon sein, en effaçant par les premiers
baisers qu'elle eût reçus de moi les traces de
ses pleurs.

Je veux en vain reprendre plus d'assurance,
le coup que je dois lui porter me semble trop
rude. Son regard inquiet et caressant m'interroge et m'enivre d'amour; pour échapper
à ce dangereux attrait, pour me soustraire à
des questions auxquelles je ne me sens pas
en état de répondre avec franchise, je ne
trouve d'autre moyen que de changer tout-

à-coup le sujet d'un entretien devenu pour moi fort embarrassant. Je m'efforce donc de paraître calme et je demande à Emma quel livre elle tenait à mon arrivée.

— « Si j'étais aussi dissimulée que vous, M. Gustave, dit-elle avec un petit air boudeur, ma réponse n'aurait aucun rapport avec la question que vous me faites, mais je suis franche, moi. Je relisais le sixième livre du beau poème de Fénélon, la passion dévorante mais dédaignée de Calypso pour le fils d'U-lysse, l'ardent amour de l'élève du sage Mentor pour la séduisante Eucharis, les transports de jalousie de la déesse, le désespoir de Télémaque quand on le sépare à jamais de la nymphe qu'il adore. Tout cela, M. Gustave, me causait une émotion... Télémaque est sans contredit, de tous les livres français qu'on m'a permis de lire, celui que je préfère.

— » En auriez-vous lu d'autres, que ceux dont votre père et madame Broun ont meublé votre bibliothèque ?

— » Sans doute, au couvent.

— » Que dites-vous là ?

— » La vérité. J'ai lu au couvent des ro-

mans de toutes espèces, que me prêtaient mes
jeunes amies. Dans un cloître, M. Gustave,
on est moins rigide que dans le monde, je
vous l'assure, la piété et ce que vous appelez
la galanterie s'y allient aisément.

— » Je ne puis le croire, cela serait affreux,
désespérant.

— » Et qu'ont donc d'affreux, de désespérant, les leçons de tendresse qu'on puise dans
les livres où l'amour est exprimé avec tant
d'énergie, de grâces, de délicatesse. Cette lec-
ture attrayante rend les cœurs moins su-
perbes, les dispose à l'humanité, à cette cha-
rité qui nous est recommandée envers le prochain...

— » Vous savez donc, Emma, ce que c'est
que l'amour ?

— » Je pourrais le définir tout aussi bien
que la froideur et l'indifférence, surtout depuis
que vous habitez la citadelle. Quand vous
êtes près de moi, votre cœur bat, vous sou-
pirez, vous voulez parler et toujours les paroles expirent sur vos lèvres. Quand vous
prenez ma main, vous la trouvez tremblante,
la vôtre tremble aussi, une fièvre ardente

semble leur communiquer en même temps des mouvemens convulsifs. Si vos regards rencontrent les miens ils se détournent soudain; mais ils cherchent furtivement à deviner mes secrètes pensées. Si je suis loin de vous, vous êtes triste, inquiet, vous desirez me revoir; si quelqu'un dans le monde me trouve jolie, m'adresse des mots flatteurs, cela vous agite, vous déplaît, vous fait mal, un sentiment de jalousie vous cause un frémissement subit, involontaire, et à ce tourment passager succède une indicible joie dès qu'on s'éloigne de moi. M. Gustave, soyez franc, n'éprouvez-vous pas tout cela!

— » Je ne le puis nier, charmante Emma; mais qui donc a pu vous dire ?...

— » Mes regards pénétrans, et d'ailleurs ces émotions tour à tour si pleines de charmes et de tourmens, ne sont-elles pas communes entre nous ?»

J'écoutais Emma avec une surprise que je ne puis exprimer. Eh quoi! mademoiselle Broun, que jusqu'alors j'avais crue si innocente, si timide, ne rougissait pas de me faire un aveu de cette nature...... S'apercevant

de l'étonnement où me jetait un langage si
inusité dans la bouche d'une jeune fille, elle
ajouta :

« M. Gustave, je sais tout ce que mes discours ont d'inconvenant, de répréhensible ;
je sais qu'une personne de mon sexe, de mon
âge, ne doit jamais, sans y être vivement contrainte, divulguer les secrets de son cœur ;
mais je ne puis garder plus long-temps un silence qui me tue. Je connais vos sentimens,
pour moi, votre réserve m'en a convaincue
plus profondément que toutes les protesta-
tions d'amour, que vous auriez pu me faire.
Ah ! je vous en supplie, si vous blâmez mon
inconcevable légèreté, ne me ravissez pas
entièrement votre estime, tout en moi vous
paraîtra étrange, extraordinaire, et je ne le
dissimule pas, j'ai peine à me comprendre.
Oubliant jusqu'au respect que je dois aux
bienséances et à moi-même, j'ai osé déposer
dans le sein d'un homme que j'aime, dont je
crois être aimée, un secret qui eût dû mourir avec moi... Entraînée par un pouvoir sur-
naturel, irrésistible, ma raison s'est égarée...

plaignez-moi , M. Gustave , plaignez-moi ,
mais ne me méprisez pas. »

Emma, en achevant ces mots prononcés
d'une voix altérée , cache son visage dans ses
mains , laisse tomber sa tête sur ma poitrine,
et verse un torrent de larmes.

Jamais situation ne fut pareille à la mienne
pendant cette scène toute nouvelle pour moi ,
et les rapides instans qui la suivirent. Quoi !
le jour même où j'ai pris la ferme résolution
de mettre fin à une dangereuse intimité , de
fuir une jeune fille , dont j'ai deviné le cœur,
et dont , pour elle seule , je redoute la faiblesse ; c'est elle qui m'avoue la passion funeste dont je suis l'objet, qui se livre à moi,
comme si d'autres engagemens , dont elle est
instruite, ne m'empêchaient d'être à elle.

— « Calmez-vous, chère Emma, lui dis-je,
avec une vive émotion, et permettez à votre
meilleur ami de vous éclairer sur les dangers
d'un coupable amour, qui, dans son cœur
comme dans le vôtre , a soulevé le plus affreux orage; mais que l'honneur, le devoir
nous prescrivent impérieusement de combattre. Emma, rappelez-vous les préceptes

du vertueux Mentor, ayez la force de les comprendre, de vous pénétrer des vérités qu'ils
renferment. Comme vous, Eucharis brûla
d'une passion stérile; comme moi, Télémaque dut se séparer de celle qu'il idolâtrait...
L'absence peut seule affaiblir, éteindre les
angoisses cruelles d'un amour malheureux.

» Emma, aujourd'hui même en vous avouant
combien vous m'êtes chère, j'avais résolu de
vous prescrire un sacrifice aussi douloureux
pour mon cœur que pour le vôtre, de vous
donner l'exemple d'un courage plus qu'hu-
main, mais nécessaire....

— » Ingrat ! vous voulez me fuir, s'écria-t-
elle, avec l'accent du désespoir.

— » Je le devrais, ma chère Emma; mais
si je reste, il est indispensable pour votre repos que j'évite d'être seul avec vous, et que
j'use de tout l'empire de ma raison pour
vous montrer l'abîme creusé sous vos pas....
Vous le savez, Emma, je ne puis être à vous,
des liens indissolubles me lient à une autre...

— » Ah ! Gustave arrêtez, arrêtez, n'agra-
vez pas mes souffrances déjà trop cruelles...
Malheureuse, je n'ai plus qu'à mourir !...»

Ses sanglots redoublent, elle pâlit, tremble, suffoque, ses yeux se ferment; une crise
violente est à craindre, mes prières, le langage le plus tendre sont long-temps sans effet, d'abondantes larmes s'échappent de nouveau, et la soulagent enfin. Je crains qu'on
ne nous surprenne, elle peut m'entendre, je
lui fais part de cette appréhension : soudain
elle se lève, porte sur moi des regards qui
me pénètrent d'effroi, et sort du jardin sans
dire un seul mot.

Redoutant les suites de l'exaltation d'Emma, je la suis avec inquiétude, elle monte
dans sa chambre, s'y renferme. Je n'y puis
pénétrer et n'ose frapper à sa porte. Je prête
une oreille attentive : aucune plainte, aucun bruit ne parviennent jusqu'à moi; Emma
ne reparaît plus.

On juge de mon anxiété, jusqu'à l'heure
du dîner. Un domestique va prévenir sa
jeune maîtresse ; mademoiselle Broun se
plaint d'une violente migraine, et reste chez
elle. Son absence attriste le repas. Au sortir
de table, madame Broun se rend près de sa
fille, et revient tremblante, alarmée. Elle est

malade, sérieusement malade, s'écrie-t-elle,
une brûlante fièvre accompagnée de délire...
Pauvre Emma ! Un docteur est appelé et l'on
se doute bien que ce n'est point M. Wolf :
madame Broun sait, à n'en pas douter, que
la présence du petit cousin, au lieu de le
guérir, rendrait le mal plus grave.

L'Esculape arrive ; sans définir précisément la maladie d'Emma, il ordonne une
saignée, la diète absolue, et ne dit rien de
rassurant au gouverneur, ni à madame Broun,
qui sont, ainsi que moi, dans une inquiétude
mortelle.

Je me reprochai alors, pour la première
fois, d'avoir agi en honnête homme. J'étais
l'auteur de ce funeste accident..... Si Emma
succombait... Horrible pensée ! elle me pour-
suivait sans relâche.... L'enfer était dans mon
cœur. Le lendemain, mademoiselle Broun pa-
rût plus calme, le délire avait cessé. Je n'osais
entrer dans sa chambre, ma présence pouvait donner lieu à un nouvel accès ; mais je
m'informai souvent de son état. Je craignais
qu'Emma n'eût prononcé mon nom ; madame
Broun ne me dit rien qui pût me faire croire

qu'elle eût parlé de moi. Je fus donc un peu plus tranquille.

Vers le soir, Emma me fit prier de passer chez elle; je m'y rendis aussitôt; elle sourit à mon approche, et me tendit la main. A mon abattement, elle dut voir que j'avais souffert autant qu'elle. Assis au chevet de son lit, j'employai toute mon éloquence à lui peindre la douleur que son état alarmant m'avait causée, à l'engager à réprimer l'essor d'une imagination trop exaltée, à songer à un prompt et parfait rétablissement.

— « Le coup est porté, M. Gustave; mon mal est là, dit-elle en plaçant sa main sur son cœur, oui, là, et ce mal est incurable. »

Je ne pus retenir mes pleurs, ses yeux aussi se mouillèrent de larmes. Le docteur entra, je le laissai seul avec Emma.

Les jours suivans, la malade parut moins faible, moins abattue; enfin, elle quitta sa chambre, et vint quelques heures dans le salon, où, pour la distraire, je m'établis avec ma palette et mes pinceaux.

Un soir, ne me sentant aucune disposition à rentrer chez moi, lorsque la famille Broun me souhaita une bonne nuit, je demandai au gouverneur la permission de continuer dans le salon, où je l'avais commencé, un grand dessin à l'estompe, d'après un groupe moulé sur l'antique, qu'un riche amateur m'avait prêté, et qui, éclairé par le lustre, était d'un bel effet.

— «Restez jusqu'à demain, si cela vous plaît, me répondit M. Broun; quand un artiste est en verve, il ne faut pas le déranger. »

Je prolongeai donc la séance, et avançai considérablement mon dessin. Vers les deux heures pourtant, me sentant fatigué, je quittai le travail et éteignis le lustre. A ce moment, la porte du salon s'ouvre.... Quel est mon étonnement, en voyant paraître Emma! Je souffle aussitôt la seule lumière qui me reste, et me cache derrière une table, pour n'être pas aperçu. De là, j'examine Emma, avec une inquiète curiosité.

Mademoiselle Broun est couronnée de fleurs, et vêtue d'une longue robe blanche. Elle tient d'une main, un bouquet de roses, de l'autre, un flambeau garni d'une bougie allumée; elle arrive où je suis, je me baisse, m'efface, en passant Emma me heurte, ses yeux se portent directement sur moi, y restent fixés quelques secondes; mais rien n'annonce que je suis l'objet de son attention, sans mot dire elle passe outre. Je viens d'acquérir la certitude que mademoiselle Broun est somnambule. C'est la première fois qu'un être se présente à mes regards, dans cet « état intermédiaire, entre la veille et le sommeil, où l'âme semblable au pilote, qui gouverne son vaisseau, sur l'inspection d'une carte, dirige son corps, sur l'inspection de la peinture, que l'imagination lui offre (1). »

Lorsqu'Emma est près du chevalet sur lequel est le tableau, que j'ai commencé pour elle, elle pose son flambeau sur une table, tire avec précaution le rideau qui couvre mon ébauche, semble l'examiner avec attention, avec intérêt, et met les roses qu'elle tient, dans un vase où sont les fleurs que je consulte pour peindre sa corbeille.

« Celles-là ne se flétriront jamais, dit-elle en se plaçant devant le groupe reproduit sur

____

(1) Bonnet.

la toile, elles brilleront encore de tout leur éclat quand je ne serai plus... C'est pour moi que son art, rival de la nature, crée ainsi les plus belles fleurs.... Pour moi, qu'il aime et qu'il veut fuir.... Pour moi, qu'une barrière insurmontable sépare de lui. »

Moment de silence; elle paraît être dans un profond abattement.

« Fatale destinée ! poursuit Emma en levant les yeux comme pour se plaindre à Dieu du chagrin qui l'accable, non, non, je ne survivrai pas à ce funeste abandon ! Il croit que, profitant des leçons dictées par l'honneur, la sagesse, le devoir, je puis commander à mon faible cœur de l'oublier.... L'oublier, lui ! jamais, jamais ! son image est là, là, dit-elle, en pressant de ses deux mains son sein palpitant... Là, jusqu'à mon dernier soupir...

» Il veut me quitter, il le doit. Ah ! qu'il hâte ce fatal départ, quelque souffrance qu'il puisse me causer. Mes forces semblent renaître; je ne veux point le désabuser, quoique je sente chaque jour se tarir en moi les sources de la vie... Fuis, fuis, malheureux !

l'honneur te l'ordonne... Ma tombe va s'ouvrir... il faut que tu l'ignores, ma mort te coûterait d'amères larmes, de cuisans regrets.... Oui, Gustave, oui, je t'aime assez pour vouloir me priver, en descendant au dernier asile, de la consolante pensée que des larmes d'amour arroseront ma cendre, que ta main chérie ornera de fleurs le lit d'argile où je dois dormir d'un sommeil éternel.»

Emma cesse de parler, de longs soupirs, de sourds et plaintifs accens s'échappent de sa poitrine oppressée. Qu'elle est belle dans son affliction!... Je la contemple avec un ravissement mêlé de peine, de tendresse, de pitié. Ce que j'ai vu, entendu, me prouve quel empire j'exerce sur cette âme aimante, passionnée. Les discours d'Emma m'ont fait craindre pour sa vie. Je flotte incertain entre l'abandon qui la conduirait infailliblement au tombeau, et le crime qui peut conserver sa vie.

Emma m'appelle, sourit en croyant que j'accours à sa voix. Emu, hors de moi, oubliant qu'elle n'obéit qu'à l'impulsion d'une imagination vivement exaltée par un songe, je m'approche, je la serre contre mon cœur.

Cette étreinte spontanée est trop conforme à sa pensée dominante pour la tirer de son état de somnambulisme ; mais frappée soudain d'un souvenir déchirant, Emma me repousse, va reprendre le flambeau qu'elle tenait en entrant dans le salon ; sa main mal assurée se place sur la flamme de la bougie ; en la pressant, elle l'éteint et brûle ses doigts délicats.

La douleur réveille Emma, elle jette un cri qu'heureusement j'ai seul entendu ; je m'élance vers elle ; malgré l'obscurité profonde qui nous environne , j'exécute ce mouvement avec tant de justesse et de rapidité que je la reçois défaillante dans mes bras.

Le canapé n'est qu'à deux pas, je l'y dépose. Un flacon de sels est en permanence sur la cheminée, je le cherche en tâtonnant ; je m'en empare et le fais respirer à mademoiselle Broun. En recouvrant l'usage de ses sens, Emma demande où elle est, qui est près d'elle.... Je me nomme à mi-voix. Ignorant comment elle se trouve avec moi, seule, au milieu de la nuit, elle s'effraye, je la sens tressaillir. Devinant ce qui se passe en elle, je m'empresse de la rassurer. Enfin, devenue plus calme, Emma m'accable de questions; j'y réponds avec franchise.

En apprenant que je l'ai vue dans l'état de somnambulisme, mademoiselle Broun s'en afflige, ne peut retenir ses larmes; de tristes pensées l'assiègent, et de douloureuses exclamations me révèlent des souffrances que mon cœur partage; oui, je souffre comme elle, et comme elle je pleure. Ce mutuel accès de sensibilité vraie, profonde, nous soulage tous les deux. Confondant nos chagrins, nos sanglots, nos soupirs, placés sans intention blâmable dans les bras l'un de l'autre, à de timides caresses succèdent des caresses plus vives, des aveux passionnés remplacent un langage affectueux.... Bientôt ivres d'amour, palpitans de desirs, notre raison s'égare, un aveugle délire s'empare de nos âmes; le plus étroit lien les unit, les confond... Vertu, honneur, devoir, tout est oublié!!!..

Arrachés à la voluptueuse extase qui a momentanément paralysé nos esprits, un sentiment de terreur glace nos sens. Le crépuscule a remplacé les ténèbres. M. Broun est matinal, s'il nous surprenait en entrant dans le salon ! Emma tremble, je suis dans une inquiétude mortelle.... Que résoudre ? mademoiselle Broun craint de rencontrer son père en retournant dans sa chambre. Si ce malheur arrive que dira-t-elle, convalescente encore, pour justifier une sortie à une heure où jamais elle n'est levée ? Que dirai-je moi-même au gouverneur s'il s'aperçoit que je ne suis pas rentré ?... L'indiscrète permission que je lui ai demandée de prolonger mon travail dans la nuit, et sans autre but que celui que j'ai énoncé, lui paraîtra une preuve irrécusable d'une coupable intelligence entre sa fille et moi, le convaincra de ce qu'il faut que toujours il ignore... Il est urgent de nous séparer à l'instant même, de prendre surtout une route opposée. Je m'approche à pas comptés de la porte du salon; je l'ouvre sans bruit, j'écoute attentivement... Tout est calme; Emma sort en effleurant à peine le parquet, traverse rapidement la pièce où elle craint d'être rencontrée.... Je respire ! Emma est chez elle.. moi, j'ouvre une fenêtre et saute du premier dans le jardin, après m'être assuré que personne encore ne s'y promène, et je regagne heureusement mon gîte sans avoir été ni vu ni entendu.

CHAPITRE XXXVIII.

Fausse alerte. — Nouvelles de France. — Complot ima-
ginaire. — Scène plaisante. — Je suis mis aux arrêts.
— Fête à la citadelle. — Aventures nocturnes. — Singulière méprise.—Conquête embarrassante et inattendue.
Emma et le petit cousin. — Démarches heureuses du
chevalier d'Erigny.— Mariage commandé par les circonstances. — Mon retour à l'armée.

Le soleil colorait déjà l'horizon lorsque
j'entrai dans mon appartement. Plus heureux
que sages, Emma et moi avions ample ma-
tière à réfléchir sur une aventure qui eût pu
avoir pour nous de si funestes résultats.

Loin d'éprouver cette satisfaction intérieure
qui suit un galant triomphe, d'être délicieu-
sement ému par le souvenir d'un bonheur
indéfinissable, mais moins parfait encore que
les voluptueux plaisirs qu'il permet et promet
pour l'avenir, j'étais triste, soucieux, mécon-
tent de moi-même.

Pour échapper aux sombres pensées qui

m'obsèdent, je me jette habillé sur mon lit; accablé de fatigue, j'espère m'endormir bientôt; plusieurs coups frappés à ma porte m'obligent à me lever et à l'ouvrir.

M. Broun se présente, son salut froidement poli, son visage rembruni, où se peint un courroux concentré, me terrifient : nul doute, tout est découvert. Pauvre Emma!... Prévoyant les fatales conséquences que peuvent avoir l'apparence même d'un tort, l'hésitation la plus légère; je m'apprête à braver courageusement l'orage qui gronde et va fondre sur moi : je prends donc l'inébranlable résolution de me renfermer dans une dénégation formelle, quels que soient les faits avancés par le gouverneur, fussent-ils accompagnés de preuves évidentes.

— « Déjà sur pied, M. le marquis, cela me surprend, me dit M. Broun, d'un ton singulier.. La séance d'hier s'est prolongée jusqu'au matin, si j'en juge par ce que j'ai vu.

— » Par ce que vous avez vu ?

— » Oui, M. le colonel, et de mes propres yeux...

Ce début bouleverse mes sens, Emma a-t-elle été aperçue, suivie, interrogée? invisible témoin de ma fuite, le gouverneur était-il dans le jardin? j'ai peine à surmonter mon trouble.

— « Vous dormiez sans doute, poursuit M. Broun, du moins ce que je remarque à l'instant semble le prouver? Quel amour pour le travail!... Quoi! après une nuit si laborieuse, se jeter là tout habillé, comme sur un lit de camp. »

Les regards observateurs de M. Broun, ses réflexions, le ton dont il les fait, me mettent au supplice.

— « Vous me pardonnerez, M. le colonel, ajouta-t-il avec un sourire amer, d'avoir interrompu votre premier sommeil, mais lorsque j'ai quelque chose sur le cœur il faut que sur-le-champ je le désoppresse, j'étoufferais si j'étais obligé de me contraindre.

— » Vous m'étonnez, monsieur! dis-je à mon tour avec une feinte assurance, qu'a donc de répréhensible ma conduite envers vous?

— » J'aurais dû prévoir ce qui arrive. Je pourrais sans plus de ménagemens faire retomber sur vous tout le poids de ma colère. On a cru qu'il était possible de méconnaître impunément mon autorité : c'est une infâme trahison ! vous êtes bien coupable , monsieur , et vous n'êtes pas seul coupable ! »

Mon anxiété s'accroît, un frisson glacial parcourt tous mes membres; cependant, je conserve assez de présence d'esprit pour cacher ce qui se passe en moi, et je prie M. Broun de s'expliquer d'une manière plus positive.

— « Monsieur, s'écrie le gouverneur d'une voix menaçante, avez-vous écrit en France à mon insu ?

—» Non , monsieur, mais que peut avoir de commun cette question avec le courroux qui vous anime ?

— » C'est ce que vous allez savoir : comment se fait-il, si la lettre que vous m'avez montrée est la seule qu'on ait reçue de vous , que trois réponses vous soient en même temps adressées, l'une de votre femme , non-scellée , comme cela doit être et dont j'ai pris connaissance; la seconde, signée Rigobert, est en latin, elle est arrivée cachetée; enfin la troisième, d'un chevalier nommé d'Erigny, également-

ment fermée est entièrement écrite en chiffres.
Que signifient ces messages mystérieux, qui,
grâce aux précautions que j'ai prises, sont
heureusement tombés entre mes mains ? quelques trahisons sans doute.... M. le colonel, il
m'en coûte de vous traiter comme un homme
suspect, mais l'intérêt de mon prince, mon
devoir, les lois militaires...

—» M. le gouverneur, répliquai-je énergiquement, en apprenant avec joie que mon
aventure nocturne n'était point le motif de sa
visite inattendue, mesurez, je vous prie, vos
expressions. Gustave de Lénoncourt sait à
quoi l'engage la parole qu'il a donnée.

» Les lettres que vous avez interceptées, que
vous avez ouvertes, et où vous croyez, parce
que vous n'avez pu les lire, que des secrets
d'état sont renfermés, ne contiennent rien,
j'en ai l'assurance, qui puisse blesser ni les
convenances ni les lois de l'honneur. Le prieur
de Saint-Nicolas, le chevalier d'Érigny igno-
raient, en les écrivant, que vous dussiez en
prendre communication.

— » Mais, pourquoi employer le latin, des
chiffres ?

— »Lancées à tout hasard et en temps de guerre, ne pouvaient-elles pas s'égarer, être retenues aux frontières, sur le territoire ennemi? En pareil cas, était-il nécessaire que des intérêts de famille, ou les confidences de l'amitié fussent divulgués?...

— »Cela n'est pas clair. L'un des pasteurs de Wolfenbuttel traduira le latin; mais les chiffres, qui pourra me les expliquer?

— »Vous-même, M. le gouverneur. J'ai dans mes papiers la clé de cette manière de correspondre, que le chevalier d'Érigny et moi, en arrivant à l'armée, étions convenus d'employer, si quelqu'événement nous séparait. Je vais vous la remettre, et vous parviendrez facilement, en plaçant sous chaque chiffre la lettre qu'il représente, à lire ce message, qui, selon vous, compromet la sûreté de l'État. Je vous avoue même, qu'en faisant ce travail, vous m'en épargnerez un, si toutefois vous avez la complaisance de me le communiquer.

— » C'est très-bien, Monsieur! répond avec humeur M. Broun, en saisissant mon alphabet en chiffres. Vous trouverez bon, malgré vos raisons, qui peuvent être excellentes, que je vous mette aux arrêts dans votre chambre, jusqu'à mon retour. Deux sentinelles, l'une à votre porte, l'autre sous vos croisées....

— » Toute la garnison, l'artillerie même, si vous le jugez nécessaire ! ne s'agit-il pas d'un criminel d'État ? répondis-je, d'un ton persif-fleur... Mais, j'ai une grâce à vous demander.

— » Une grâce ! Ah ! ah !

— » Vous devez penser combien je suis impatient de lire la lettre de ma femme : si vous pouvez me la laisser sans vous compro-mettre, cette faveur adoucira l'horreur de ma captivité.

— » La voilà, Monsieur. Ces Français, ils rient de tout.... Moi, je ne vois rien de di-vertissant dans cette affaire.

— » C'est précisément ce qui rend l'aven-ture si plaisante. »

Le gouverneur sort en murmurant ; dans son dépit, il m'enferme à double tour, em-porte ma clé, et place les factionnaires, qui doivent lui répondre de ma personne.

Cette scène dont le commencement m'a-vait si vivement inquiété, et qui se terminait si gaîment, me rendit toute ma sérénité accou-

tumée ; mais , en lisant la lettre d'Augustine ,
je fus plongé de nouveau dans de sérieuses et
pénibles réflexions. Que j'étais peu digne de
cet amour pur, de cet attachement sans limite dont j'avais eu tant de preuves éclatantes,
dont je retrouvais les touchantes marques
dans le message que ma femme m'adressait !

Cette tendre missive me faisait un plaisir
extrême ; la légèreté de mon caractère , mon
penchant irrésistible pour l'inconstance , me
dégradaient à mes propres yeux , j'éprouvais
des remords ; je me promettais , je jurais
même d'être à l'avenir d'une fidélité exemplaire. Vains projets, inutiles sermens ! comme
le papillon, j'étais né pour voltiger sans cesse
et ne me fixer jamais.

Augustine me mandait que le chevalier
d'Érigny était instruit par elle des nouvelles
rassurantes qu'elle avait reçues de moi. Ce
passage de sa lettre m'expliqua comment le
major et l'excellent abbé Rigobert connaissaient le lieu de ma résidence. Que m'écri-
vaient ces respectables amis ? J'attendais im-
patiemment le retour du gouverneur : il reparut l'air contrit , embarrassé.

— « Vos arrêts sont levés , M. le marquis, dit-il en entrant, voici les deux lettres et leurs traductions , puisque celle en chiffres peut vous épargner un travail... mais qu'une pareille inconvenance ne se renouvelle plus , ou corbleu ! toute correspondance cessera ; je vous en avertis.

— » Rien ne vous a donc paru suspect ?

— » Si , Monsieur : cette manière inusitée d'écrire à un prisonnier de guerre.

— » Allons , M. Broun, pas d'humeur, déridez-vous, ou je vous peins avec cette figure rébarbative... Eh ! mais j'y pense ; cela aurait un caractère... J'y réfléchirai quoique le tableau soit presque achevé...

— » Et le beau dessin aussi : je suis entré ce matin dans le salon ; j'ai vu tout ce que vous avez fait depuis hier au soir...

— » Tout !

— » Tout, absolument. J'ai l'œil exercé moi. »

Pauvre M. Broun ! je me gardai bien de le désabuser. Si cette explication avait eu lieu deux heures plus tôt, elle m'eût épargné de cruelles angoisses.

— « M. le colonel, allons déjeuner.

— » Volontiers, M. Broun, mais permettez-moi de lire...

— » Le prieur vous exhorte à supporter votre sort avec patience, résignation, et surtout à ne pas désespérer des bontés infinies de la Providence. Votre absence est pour lui pénible à supporter. Vos dragons vous regrettent ainsi que leur aumônier. *Amen !*

— » Le chevalier vous annonce, que le lieutenant-colonel de votre régiment a été tué.

— » Cette perte m'afflige sincèrement, c'était un brave, un excellent officier.

— » Le maréchal de Belle-Isle a élevé à ce grade le major d'Érigny.

— » C'est une justice qu'il lui a rendue, j'apprends cela avec une joie extrême. Mes dragons.

— » Le chevalier espère vous revoir bientôt. Cette espérance pourrait bien être déçue, à moins que cette campagne n'amène la paix, ce qui est fort douteux. Le prince Ferdinand fait des prodiges, les Français sont battus, soit dit sans vous offenser, M. le colonel...

— » Ils prendront leur revanche...

— » Peut-être ! C'est un singulier homme que votre chevalier : il parle d'écrire au grand

Frédéric, comme si le monarque l'honorait
d'une estime particulière, comme si le roi de
Prusse était dans l'habitude de rendre ses prisonniers, surtout quand ils sont comme vous,
jeunes, braves, avides de gloire. »

Je compris les projets, les espérances du
chevalier d'Erigny, et crus déjà respirer l'air
pur et salutaire de la patrie. Je laissai M.
Broun avec ses doutes, remis à un autre moment à vérifier l'exactitude de ses analyses et
le suivis à la salle à manger.

Le gouverneur ne dit pas un mot de ce qui
venait de se passer entre nous. J'en compris
le motif et imitai sa réserve, mes railleries
avaient suffi à ma vengeance; il ne fut pas
même question des lettres que j'avais reçues.

Emma fit acte d'apparition seulement à la fin
du déjeuner. Elle était pâle, paraissait abattue. Questionnée par ses parens qui s'aper-
çurent, ainsi que moi, de l'altération de ses
traits, elle répondit qu'une nuit agitée et sans
sommeil l'avait excessivement fatiguée.

Ses regards alors rencontrèrent les miens,
une rougeur subite colora son front et ses
joues, elle baissa les yeux, plaça vivement

son mouchoir sur son joli visage, et posant un coude sur le bord de la table, appuya sa tête sur sa main, comme si elle eût éprouvé une subite indisposition.

On ne fit heureusement aucune attention à moi : mon teint s'était animé, j'éprouvais un trouble, une agitation qui pouvaient faire naître des soupçons qu'aurait justifiés la situation où je me trouvais, et qui ressemblait beaucoup à celle d'Emma. Madame Broun s'occupa de sa fille avec cette tendre sollicitude dont une mère seule est capable; sur l'assurance vingt fois répétée par Emma, qu'elle ne souffrait point assez pour qu'on s'en inquiétât, madame Broun lui offrit son bras, ces dames descendirent au jardin. Le gouverneur les suivit, moi, pour donner un libre essor à mes pensées, je rentrai dans mon appartement.

Jamais la présence d'Emma ne m'avait causé une émotion plus vive et plus profonde à la fois, jamais mes yeux ne s'étaient attachés avec plus de plaisir, d'intérêt sur toute sa personne. Presque malgré moi, je venais d'obtenir des faveurs, dont je sentais que la privation me rendrait malheureux. Pour Emma, j'étais tout desir, tout amour, et cependant j'adorais Augustine. Pour Augustine j'aurais sacrifié Emma, lors même qu'un lien sacré ne m'eût pas fait un devoir de ce sacrifice.

J'ai souvent cherché à expliquer, à justifier cette étrange manière d'aimer, que ne pourront concevoir ceux dont les sens ne sont point dominés par ce penchant irrésistible, indomptable, qui m'enchaîna toujours au char de la beauté, qui pour moi fit de la femme l'objet du culte le plus fervent. Mon cœur éprouvait une soif dévorante et continuelle de sensations voluptueuses, il lui fallait sans cesse un cœur qui répondît à ses désirs, qui partageât ses brûlans transports, et depuis plusieurs mois j'étais séparé d'Augustine. Le lendemain de mon mariage, il m'avait fallu la quitter, bien du temps pouvait s'écouler encore avant qu'il me fût permis de me rapprocher d'elle. Cette absence déjà si longue, cette absence dont j'ignorais le terme, est ma seule excuse, et si elle n'éteignit pas mon amour pour Augustine, elle me contraignit à l'impérieuse nécessité de trahir les sermens qu'elle avait reçus de moi.

Le premier pas fait, on pense bien que ma liaison avec Emma devint de jour en jour plus intime. Mettant à profit les leçons de l'expérience, un mystère impénétrable protégea nos amours. Emma docile à mes leçons, attentive à suivre mon exemple, évita avec une rare prudence, tout ce qui eût pu troubler notre mutuelle félicité. Heureuse d'aimer et d'être aimée, ma jeune amie ne tarda pas à recouvrer la santé florissante, les grâces, la fraîcheur, la riante amabilité auxquelles avaient succédé une sombre mélancolie et de secrets chagrins.

Cinq mois s'étaient écoulés sans que le moindre nuage eût obscurci nos beaux jours, eût troublé la douce quiétude dont nous jouissions tous les deux. L'époque de la fête du gouverneur arriva, c'était le soixante-quatrième anniversaire de la naissance de monsieur Broun; on fit à la citadelle de grands préparatifs pour le célébrer dignement. Mes tableaux étaient achevés, entourés de magnifiques bordures; ils devaient orner le salon où une brillante soirée allait réunir une société nombreuse. Emma avait brodé secrètement une bourse, sa mère devait offrir au gouverneur deux riches vases de porcelaine garnis de fleurs imitant parfaitement la nature, les seules qu'en hiver il fût possible de lui présenter, et le petit cousin Wolf se chargea de faire préparer et tirer un feu d'artifice à l'extrémité du jardin, que les arbres dépouillés de leurs feuilles permettaient d'apercevoir des fenêtres du salon.

Malgré son avarice, M. Broun ne contrariait jamais sa femme, pour les dépenses assez considérables qu'elle faisait chaque année à pareil jour. Il avait une si haute idée de son petit mérite, il était si fier de ses épaulettes de commandant, de son gouvernement surtout, que la solennité qu'on donnait à sa fête lui semblait être aussi indispensable que le somptueux appareil déployé pour la fête d'un roi.

Depuis que sa soixantaine était révolue, M. Broun avait contracté la singulière habitude d'inviter autant de convives qu'il comptait d'années. Une table de soixante-quatre couverts fut donc dressée, et soixante-quatre bou-

gies éclairèrent une vaste salle d'armes déco-
rée avec goût, et transformée en salle de
festin.

De longs corridors la séparaient du salon où
l'on devait passer la soirée. Pour épargner un
double trajet aux personnes invitées au dîner,
ou plutôt pour leur ménager une agréable
surprise, on les reçut dans une pièce voisine,
qu'on avait ornée de draperies, de guirlandes
de fleurs, de faisceaux, de couronnes, et
d'antiques armures.

La réunion offrait un bizarre amalgame de
figures insignifiantes, agréables, laides, gro-
tesques, ridées, fardées, et de jolis, d'agaçans
minois; l'enfance, la jeunesse, l'âge mûr et
la caducité s'y trouvaient confondus: presque
silencieux au premier service, les convives
commencèrent à s'animer au second, au des-
sert la gaîté fut bruyante et communicative.
On but à la santé de l'amphitryon. Le gouverneur répondit par un toast à l'aimable compagnie qui daignait embellir de sa présence
la fête dont il était le *héros*. M. Wolf proposa,
en regardant tendrement madame Broun, une
libation en l'honnenr du beau sexe, et de ra-

sades en rasades, le vin coula à flots, les têtes s'échauffèrent, les vieillards, les jeunes fous chuchotèrent, bavardèrent sans trop savoir ce qu'ils disaient. M. Wolf d'un air important réclama un moment de silence, on se tut, et il entonna des couplets de circonstance qu'il venait, disait-il modestement, d'improviser.

Le petit cousin reçut d'unanimes applaudissemens, le gouverneur pleurait de joie en entendant chanter ses louanges. Madame Broun que le galant docteur n'avait point oubliée, parut aussi fort sensible à l'hommage délicat de son jeune parent; je fus peut-être le seul qui remarquai que M. Wolf ne parlait point d'Emma dans cette poétique *improvisation.*

D'autres chansons suivirent celle du docteur, mais elles étaient connues de tous les convives : aussi répétèrent-ils en chœur les refrains avec un ensemble, une harmonie, qui m'étonnèrent, surtout en réfléchissant aux abondans liquides qui avaient arrosé leurs gosiers.

Dès qu'on eut pris le café et la liqueur, madame Broun invita la compagnie à la suivre au salon. Ce fut alors à mon tour d'être mis en évidence, de recevoir les complimens, les félicitations; j'en fus ennuyé, étourdi, assommé. Pour mieux les voir on décrocha mes tableaux, on disposa les lumières de façon à les éclairer favorablement; Emma fit admirer les fleurs, madame Broun la citadelle et son jardin, le gouverneur le plus beau fait de sa vie militaire. On trouva le héros ressemblant, et ce héros vint à moi l'air radieux, me prit la main avec une affectueuse amitié, m'exprima hautement sa reconnaissance; j'aurais eu probablement une peine infinie à me soustraire aux témoignages éclatans de sa gratitude envinée, si la détonation d'une boîte ne nous eût avertis qu'on allait tirer le feu d'artifice.

A ce signal, les uns se précipitèrent vers les croisées, les autres descendirent au jardin, ce fut un mouvement, un empressement, inconcevables. M. Wolf dirigeait cet éblouissant spectacle qui fut terminé par un bouquet, où le chiffre de M. Broun figurait admirablement au milieu d'une couronne de lauriers.

D'innombrables *bravos* retentirent de

toutes parts, la société rentra dans le salon, un bourdonnement assourdissant dura quelques minutes. De mélodieux préludes invitèrent à la danse; les jeunes gens, les demoiselles, quelques mamans, encore aussi avides de plaisir, aussi agiles que leurs filles, prirent place. Le bal commença et les tables de wisk, de boston, de reversi furent envahies par les grands parens.

Emma dansa et walsa souvent avec moi; M. Wolf ne quitta pas un instant madame Broun; il me parut même qu'ils étaient parfaitement ensemble, car ils se parlaient constamment à voix basse. Je l'avoue, j'aurais voulu être à la place du docteur si Emma n'eût partagé mes brûlans transports. En toilette de bal, madame Broun avait un éclat, un air de jeunesse...comme sa fille toute sa personne était ravissante, et à quelque distance on eût pu les prendre l'une pour l'autre.

Curieux de voir jusqu'à quel point pouvait aller l'intelligence que j'avais remarquée, j'observai attentivement et je vis que plusieurs fois le petit cousin pressa d'une manière très-significative la jolie main de la belle cousine, et qu'à la dérobée ses lèvres s'y appliquèrent souvent. Pauvre gouverneur! pensai-je, il est vraiment d'une gaîté tout à fait inusitée; une vigilance active, d'incorruptibles surveillans, l'avertissent journellement des faits et gestes de tous les habitans de Wolfenbuttel, et fort heureusement il ignore ce qui se passe dans sa propre maison.

Le punch circula, les joueurs, les danseurs le humèrent avec plaisir, M. Broun en vida plusieurs verres, le petit cousin y fit honneur amplement, moi-même j'en bus assez pour en être étourdi. Ce commencement d'ivresse remua toutes mes facultés aimantes, Emma me parut plus jolie que jamais. Je m'éloignai un instant avec elle des différens groupes qui nous environnaient, et j'osai lui faire une demande à laquelle je n'aurais sans doute pas songé si j'eusse été de sang-froid.

Il était près de onze heures, le bal ne devait se prolonger que jusqu'à minuit; après les fatigues de la journée, le gouverneur et sa femme, retirés dans leurs appartemens, car M. et madame n'habitaient plus le même, ne pouvaient tarder à s'endormir profondément.

— « Pourquoi, dis-je à Emma, nous séparer sitôt, pourquoi achever tristement une nuit que l'amour, le plaisir réclament toute entière? que ne profitons-nous, tendre amie, d'une occasion si favorable, c'est la première qui nous est offerte, la seule que nous aurons peut-être...

—» Que voulez-vous dire, M. Gustave ?répond Emma.

— » Tu ne m'as pas deviné ?

— » Non, mon ami.

— » Laisse la porte de ta chambre entr'ouverte.

—» Y pensez-vous, si l'on nous surprenait! non ne compromettons pas ainsi notre avenir, Gustave, vous oubliez les leçons de prudence que vous m'avez si souvent données... mon ami, renoncez à ce dangereux projet.

— » C'est donc ainsi que tu m'aimes ?

— » Et n'avez-vous pas d'assez fortes preuves de mon amour !

— » Alors pourquoi me refuser? il m'est facile de m'emparer de la clé de la porte du petit escalier dérobé pratiqué derrière le salon, et par lequel jamais on ne passe, le ha-

sard m'a fait découvrir celte secrète entrée...
La nuit est sombre, le froid piquant, rassure-
toi, chère Emma; je ne vois ,'je te le proteste,
d'autre danger que celui qui existe dans ton
imagination troublée. Me crois-tu assez ennemi, de notre repos, de notre bonheur pour
me rendre près de toi, si la moindre apparence de surprise...

— » Gustave, je ne puis consentir...

— » Emma, je ne renouvellerai plus une
prière indiscrète, »

Piqué de son refus, je me séparai de mademoiselle Broun en prononçant ces mots,
d'un ton qui dut l'avertir de mon mécontten-
tement et j'affectai de m'occuper uniquement
des joueurs devant lesquels je restai debout,
sans faire la moindre attention à eux.

Emma allait, venait, répondait d'un air
distrait à celles de ses jeunes amies qui lui
adressaient la parole. J'étais sérieusement fà-
ché, et c'était la première fois; mademoiselle Broun en conçoit une inquiétude réelle.
Après un quart d'heure de réflexion, d'hésitation, elle s'approche de moi et me dit bas à
l'oreille: « Méchant ! il faut faire tout ce que

vous voulez, vous pouvez venir, mais assurez-
vous bien....

— » Bonne Emma ! répondis-je enchanté ,
j'avais tort de douter de ton cœur. »

La joie était rentrée dans mon âme. J'allai
sur-le-champ me munir de la précieuse clé,
et la montrai à Emma. Contens l'un de l'autre,
les quadrilles se formaient , nous en fîmes
partie jusqu'à la fin du bal et valsâmes ensemble la dernière sauteuse.

Les joueurs en se levant donnèrent le signal du départ. On se couvrit de manteaux,
de pelisses , puis les salutations, les embras-
sades, les serremens de mains commencèrent
et continuèrent jusqu'au bas de l'escalier. A
mon grand étonnement, M. Wolf resta ainsi
que moi dans le salon, où j'attendais monsieur , madame et mademoiselle Broun qui
étaient descendus pour reconduire la société.
Nous nous regardâmes l'un et l'autre sans
mot dire; quoique fort échauffés par le vin,
par les liqueurs spiritueuses que nous avions
bus , le docteur vit ma surprise, et se mit à
rire, je pris un air sévère, une attitude impo-
sante qui firent cesser aussitôt son indécente

hilarité. J'allais témoigner à ce fat mon mécontentement, lorsque la famille Broun reparut.

« — Mon ami, dit au gouverneur la mère
d'Emma, le petit cousin ne peut rentrer à
l'heure qu'il est; tout le monde dort depuis
long-temps dans son hôtel; n'ayant pas eu la
précaution de prévenir qu'on l'attendît, M.
Wolf courrait le risque de frapper sans être
entendu. » Elle ajouta d'un ton presque crain-
tif et qui me parut aussi singulier que la manière dont elle regarda son mari: «On a dressé
un lit dans le cabinet qui avoisine la salle
d'armes....

—» Madame, j'approuve fort ce qu'on a
fait! ce cher petit cousin, je suis trop content
de lui pour l'exposer, quand il gêle surtout,
à coucher à la belle étoile. M. le colonel,
ajoute le gouverneur en se tournant de mon
côté, je vous dois aussi des remercîmens; on
a admiré vos chefs-d'œuvres. O l'agréable
journée! je ne me rappelle pas avoir jamais
été si parfaitement heureux. A demain, colonel; bonne nuit, docteur, je suis assuré moi,
d'en passer une excellente. Ce punch m'a

donné une envie de dormir.... embrasse-moi,
ma fille, vous aussi, madame Broun... c'est
cela ! encore une fois toutes les deux, c'est
aujourd'hui ma fête. Maintenant, saluons ces
messieurs et rentrons chacun chez nous. »

Nous nous inclinâmes, ces dames nous
firent une gracieuse révérence. Je ne sais
si les regards du galant docteur exprimèrent
à madame Broun le regret sincère de se séparer d'elle; mais les miens dirent à Emma
quel plaisir j'aurais à la retrouver sans témoins.

La famille nous conduisit jusqu'à la porte
du vestibule. Nous l'eûmes à peine franchie,
qu'on la ferma à double tour. M. Wolf et moi,
munis chacun d'un flambeau, nous nous sé-
parâmes, lui pour parcourir les longs corridors qui conduisaient à la salle d'armes, moi
pour traverser la cour et monter à ma chambre, située précisément en face de celles du
gouverneur et de son aimable et tendre moitié.

Quoique le froid fût excessif, je ne tardai
pas à ouvrir ma fenêtre, où je me plaçai en
observation, après avoir éteint ma bougie,
pour n'être point aperçu.

Que le temps paraît long, quand l'espoir du bonheur électrise les sens et qu'on attend l'heure du berger ! L'absence de lumière me prouve bientôt que M. Broun est couché; mais rien n'indique que Madame, que les domestiques de la maison, se disposent à suivre promptement l'exemple du maître. C'est un mouvement continuel, on va, on vient, à tous les étages; madame Broun, elle-même, sort plusieurs fois de son appartement, où enfin elle rentre pour se mettre au lit.

Depuis plus d'une heure, il est nuit chez elle, quand une profonde obscurité m'apprend que tout le monde dort ou est près de dormir.

J'attends ce moment avec une impatience extrême; cent fois j'ai consulté ma montre en pensant que, sans feu dans sa retraite, immobile, silencieuse, osant à peine respirer, le cœur palpitant, l'oreille attentive, Emma tressaille au moindre bruit.

Tout est calme, je descends, traverse la cour et monte l'escalier dérobé, avec autant de précaution et d'adresse qu'un voleur exercé en met à s'introduire nuitamment dans une maison qu'il sait être habitée. Arrivé à la porte, je m'arrête et frissonne ; ma main mal assurée, cherche pendant quelques secondes l'ouverture de la serrure ; la clé y entre avec effort ; le double pêne crie, une sueur froide parcourt soudain tous mes membres ; l'ouie est le seul de mes sens qui me devienne momentanément précieux : rien ne l'avertit d'un danger que je redoute.

Je tente un nouvel essai, les gonds murmurent !.... Sans faire un pas, j'écoute encore.... Profond silence, j'entre et referme doucement la porte ; mais il en est d'autres à ouvrir, je marche lentement, mes bras étendus devancent et guident mes pieds timides, j'effleure du bout des doigts tout ce qui se trouve sur mon passage... O bonheur ! celle qui m'attend a su m'aplanir les obstacles, je m'introduis sans peine dans la pièce qu'il faut traverser pour arriver à sa chambre à coucher, assez voisine de celles de M. et de madame Broun.

— «Ah ! vous voilà, suivez-moi sans bruit, ne parlez pas surtout, » me dit Emma, qui me guette au passage. Sa douce main s'empare de la mienne, et je me laisse conduire,

Que je sus de gré à cette prévoyante amie,
d'être venue au devant de moi. J'étais si troublé
par les vins, le punch que j'avais bus, et
peut-être aussi par la crainte d'être malen-
contreusement arrêté dans mon voyage nocturne, que j'aurais été précisément du côté
opposé à celui où mon aimable guide me me-
nait. Je n'eus garde en faisant cette observation de la communiquer à Emma, elle l'eût
effrayée pour le retour; d'ailleurs, le plus absolu silence ne m'était-il pas imposé.

J'entre enfin dans l'asile où le mystère me
promet d'ineffables plaisirs; la plus profonde
obscurité m'environne. Un double verrou me
permet de presser librement dans mes bras
le ravissant objet qui me rend baiser pour
baiser, caresse pour caresse.

Bientôt placés l'un et l'autre sur ce trône
élégant et moelleux, où trop souvent l'hymen
s'endort, où trop confiant dans son pouvoir
absolu, il néglige les devoirs qui rendraient
ses droits inviolables; mais d'où l'amour, usur-
pateur heureux, l'exile alors sans éclat, pour
dicter de douces lois : tous deux subjugués

par son inévitable et séduisant empire, nous savourons à longs traits le nectar de la volupté.

Soudain trois coups frappés doucement à la porte, mettent un terme à nos délicieux transports, et pénètrent nos cœurs d'un mortel effroi.

— « Ciel! dit tout bas ma tremblante compagne, qui peut à cette heure?... »

Nous écoutons avec anxiété, le même bruit se renouvelle.

— « Je suis perdue! Ah! mon ami, continue-t-elle, quelle imprudence! avais-je tort de vous refuser? »

On frappe encore.

— « Plus de doute, c'est mon mari!...

— » Votre mari? répliquai-je étonné, Emma, rappelez vos esprits.

— » Emma! en effet, cette voix.... Ah! malheureuse, qu'ai-je fait, et que viens-je d'apprendre!.... Quoi, ma fille aussi s'est rendue coupable, et c'est vous, Monsieur?... C'est trop de tourmens à la fois. »

Ces mots m'éclairent. Madame Broun attendait le docteur, elle m'a pris pour lui.

Mon embarras est extrême, celui de la belle cousine ne peut se concevoir. C'est M. Wolf qui a frappé, on ne lui a point répondu Le cœur navré, l'esprit inquiet, il s'est éloigné sans doute; le danger que nous redoutions n'existe plus; mais quelle situation est la nôtre! comment persuader à madame Broun qu'Emma est pure encore?.... Comment la soustraire aux reproches de sa mère, à la surveillance qu'on va désormais exercer sur elle? J'ai fait son malheur et le mien, Emma est perdue pour moi..... Que de pensées déchirantes se présentent en foule à mon esprit!

Madame Broun s'est levée, a passé à la hâte le premier vêtement qu'elle a trouvé sous sa main; j'entends ses soupirs, ses sanglots; sa position m'alarme, je suis bientôt sur pied; guidé par ses accens plaintifs, j'arrive près d'elle, j'essaie de calmer sa douloureuse agitation, mes consolations sont rejetées, on me supplie de m'éloigner. J'insiste, mais en vain.

— « Si M. Wolf, dis-je, est encore dans la pièce voisine....

— » Non, non, je ne le pense pas, répond

madame Broun, d'une voix étouffée..... Je vais m'assurer.... »Elle allume une bougie, me fait cacher derrière les doubles rideaux de l'une de ses croisées, et sort.

Je n'ose l'arrêter, je tremble pourtant qu'elle n'aperçoive la porte d'Emma entr'ouverte. O! combien je maudis une méprise, dont un libertin éhonté se fût applaudi! car la conquête que je devais au hasard, eût pu faire bien des jaloux.

Madame Broun revient, l'altération que je remarque sur les traits de son visage, me fait un mal affreux. Sans oser me regarder, elle m'annonce que rien ne s'oppose à ma fuite. Silencieux je m'éloigne et regagne tristement l'asile où, d'après ce qui vient de se passer, je ne dois ni ne puis demeurer plus long-temps.

J'emploie le reste de la nuit à chercher une fable qui ait assez de vraisemblance pour détruire les préventions trop fondées que madame Broun a sur la conduite d'Emma. Si dans le trouble où j'étais je n'ai rien dit à sa mère pour la désabuser, je n'ai rien dit non plus qui ait prouvé qu'une liaison existait déjà entre nous ; ne puis-je, en rejetant sur moi tous les torts?... Une heureuse idée me rassure, me console ; je crois que Dieu me l'inspire et qu'elle aura le résultat que j'ose en attendre... mais il faut prévenir Emma avant que sa mère ait pu la voir ; cela me paraît difficile, n'importe, j'en chercherai les moyens.

J'écris donc un billet à mademoiselle Broun pour l'avertir que surpris par sa mère, j'ai fermement soutenu qu'après avoir sollicité toute la soirée ce premier rendez-vous, un refus positif m'a été fait ; que n'attribuant ce langage, si contraire à mes desirs, qu'à l'embarras que ne peut manquer de produire une demande si alarmante pour la pudeur d'une jeune fille, j'ai eu la coupable présomption de croire que ce refus cachait une adhésion tacite, et qu'enfin, sans que rien de positif m'y autorisât, j'ai eu la fatale imprudence de m'introduire de nuit jusque dans la salle qui conduit à son appartement.

Le jour paraît au moment où je finis d'écrire, et je me dispose, afin d'avoir l'occasion de passer devant la chambre d'Emma, à aller trouver le gouverneur. J'ai un prétexte fort embarrassant, il est vrai, pour me présenter chez lui... Je veux quitter la citadelle. Jamais M. Broun ne m'a témoigné plus d'amitié que la veille... Demander si brusquement à loger en ville... Que répondre aux questions pressantes qu'il va me faire ?...

Une intrigue amoureuse et fort étrange, dans la maison de M. Broun, m'oblige à en sortir; une intrigue supposée, au dehors, doit servir mon projet. Je suis donc décidé à lui faire une fausse confidence, à jouer le rôle d'un homme éperduement épris de l'une des beautés qui la veille assistait à la fête... Oui ! oui ! m'écriai-je en sortant de chez moi; aisément le gouverneur ajoutera foi à ce roman sentimental.

En traversant la cour je rencontre la femme de chambre de madame Broun, elle m'annonce que sa maîtresse desire me parler, et, qu'étant indisposée, elle me recevra chez elle.

— « Indisposée,...... et M. le gouverneur ? demandai-je.

— » Se porte à merveille, il vient de sortir.»

Je monte précipitamment. La chambre d'Emma est fermée. Je frappe, elle m'entend, demande d'une voix faible qui est là; je me nomme et l'avertis que je glisse un papier sous la porte, puis j'entre chez sa mère avec un sentiment pénible, mêlé de honte, de crainte et de remords.

— « M. le colonel, me dit madame Broun d'une voix altérée, je vous épargnerai les reproches dont, comme mère, je pourrais vous accabler..... et qu'épouse coupable j'ai perdu le droit de vous faire. Votre secret m'est connu, vous êtes maître du mien : ne pensez pas cependant que, si une fatale méprise vous a rendu l'arbitre de mon sort, je puisse jamais consentir à protéger une liaison criminelle entre vous et ma fille. Dussé-je m'exposer aux terribles conséquences de la faute que j'ai commise, j'en subirai la honte, j'en supporterai les chagrins, les souffrances, si je ne trouve, dans le séducteur d'Emma, assez de générosité, de grandeur d'âme...

— » Madame, répliquai-je, Emma n'avait point autorisé ma démarche imprudente.... échauffé par les fumées de vins généreux, j'ai osé croire, malgré ses refus, qu'elle cédait à mes prières... La facilité avec laquelle j'ai pu m'introduire ici, quoique j'eusse entendu fermer les portes.... Est-ce Emma qui les a ouvertes?...

— » Non, c'est moi!... Daignez m'épargner, M. Gustave, ne me rappelez pas...

— » Je remplis un devoir, Madame, en vous donnant l'assurance qu'Emma est aussi pure encore que si le regard protecteur de sa mère eût toujours été fixé sur elle.

— » Ah! colonel, que ne puis-je le croire... mais ce langage consolant est trop tardif! s'il était l'expression de la vérité, il m'eût rassuré cette nuit même... Non, non, monsieur, ce rendez-vous n'était pas le premier, j'en ai la douloureuse conviction.

— » Madame!

— » Brisons là, colonel, vous ne me persuaderiez pas. Je dois être indulgente pour Emma, je le serai, comme... j'ose le croire, vous le serez pour moi....

— » Je vous jure, Madame, qu'une discrétion à toute épreuve...

— » Je ne vous ferai pas l'offense d'en douter. Si je ne craignais d'éveiller les soupçons de M. Broun, ma fille et moi quitterions à l'instant même Wolfenbuttel, mais il me faut quelques jours pour donner au voyage que je projette un motif assez puissant... Je vais écrire à une de mes parentes...

— » Madame, c'est celui qui a détruit votre bonheur, votre repos, qui doit quitter ces lieux où sa présence ne laissera que de funestes souvenirs. Pardonnez-lui les chagrins, les larmes qu'il vous coûte ; son cœur, comme le vôtre, est accessible à la douleur, aux remords.

— » Jurez-moi, Monsieur, d'éviter toutes les occasions de vous trouver seul avec Emma.

— » Je n'ai pas attendu, Madame, pour m'imposer ce rigoureux sacrifice, qu'il me fût prescrit par vous ; aujourd'hui même je prends un logement dans un autre quartier de la ville.

— » Ce parti est le plus sage et j'y avais songé, mais le gouverneur s'y opposera.

— » Je saurai l'y décider.

— » Que vous y réussissiez ou non, songez, colonel, à ce que j'exige de vous... Emma !..

— » Est, dès ce moment, sous la sauvegarde de l'honneur.

— » Il est temps, Monsieur, de terminer un pénible entretien. Je me fie à votre prudence, voyez M. Broun; n'insistez pas, si vous obtenez de lui un refus positif, et reposez-vous alors sur moi du soin de mettre un terme à la contrainte cruelle à laquelle nous serons momentanément réduits. »

Mon parti était pris irrévocablement; en quittant madame Broun, j'allai parcourir la ville, chercher un logement. J'en vis plusieurs, aucun ne me plut; ils me paraissaient tristes, incommodes, mal décorés, mal meublés. Les gens qui me les montraient durent me trouver bourru, bizarre, difficile; le fait est que je pensais à Emma, je l'aimais tendrement, il m'en coûtait de me séparer d'elle. Après mon séjour chez le gouverneur, où j'avais été l'objet de tant de soins, de tant d'égards, où ma jeune et séduisante amie partageait mes plaisirs, mes travaux, en quels lieux pouvais-je me plaire? Ah! que de chagrins, que d'ennuis allaient me faire expier ces rapides instans de bonheur! leur souvenir même devait ajouter à mes tourmens.

Enfin, las d'examiner des logemens, j'en

arrête un. Il est trois heures après midi, lorsque je reviens à la citadelle.

J'apprends du concierge, que le gouverneur m'a demandé plusieurs fois, et qu'impatienté de m'attendre, il est allé à ma recherche. « Voici, M. le marquis, ajoute cet homme, en me présentant un paquet cacheté, ce que madame Broun m'a expressément recommandé de vous remettre, dès votre retour. »

Je m'empresse de briser l'enveloppe; dans un volume relié, *l'Art d'aimer* de Wielands, je trouve une lettre; quelle est ma surprise, mon indignation en lisant ce qui suit :

« Je devrais, monsieur le marquis, vous laisser ignorer l'horrible révélation qu'Emma vient de me faire. Je sens quel coup je vais porter à votre cœur; mais plus que jamais, j'ai besoin d'épancher mes chagrins, de m'armer de courage, de m'éclairer de vos conseils, de vous supplier même d'user de l'ascendant que vous avez sur ma fille, pour la contraindre à vous oublier, à en aimer un autre, à contracter un lien, dont la seule pensée cause son désespoir.

» Ah ! M. Gustave, je n'ai, je ne puis avoir que vous pour confident de cet affreux mystère, ma plume se refuse à le dévoiler..... Il le faut pourtant. Je redoute votre juste courroux, pour l'homme infâme qui, en me trompant, n'a pas frémi de commettre un crime afin de me forcer à lui donner ma fille.... Ma fille, dont il savait qu'il n'était point aimé!..

» Apprenez donc, monsieur le marquis, que la nuit dernière, nuit si fatale à mon repos, a voilé de son ombre le plus odieux attentat. Emma retirée dans sa chambre, cédant involontairement au besoin de dormir, et dans la préoccupation d'esprit où l'avait jetée la crainte qui m'agitait comme elle, puisque l'une et l'autre..... Emma, dis-je, dans un état complet de somnambulisme, est sortie pour aller au devant de vous; Wolf l'a aperçue, il l'a suivie, et le monstre!.. je m'arrête.... Songez, Monsieur, qu'il doit être l'époux de ma fille. C'est vous dire ce que tous les deux nous avons à pardonner, et ce qu'il nous reste à faire. »

Il me serait impossible de décrire les divers sentimens que j'éprouvai en lisant cette lettre. Emma si indignement outragée ! Mon sang bouillonnait dans mes veines; Wolf, le lâche, l'indigne Wolf m'inspirait autant de haine, que de mépris. J'avais besoin de sa vie, pour assouvir ma rage, et malgré l'exemple de modération que je recevais de madame Broun, il n'eût pu se soustraire à ma vengeance, s'il se fût présenté devant moi.

— «Ah ! je vous trouve enfin, Monsieur! s'écrie le gouverneur, en arrivant au jardin, où je marche à grands pas. Me direz-vous ce que signifie ce qui se passe ici depuis ce matin ! Vous voulez nous quitter, pourquoi? Madame Broun, que vous avez instruite de ce beau projet, s'en afflige; Emma, que je n'ai pas encore vue aujourd'hui, en sera désolée. Nous vous aimons tous, vous n'en pouvez douter, et par un caprice inexplicable....

— » Sans mon sincère attachement pour vous, pour votre famille, sans la solennité à laquelle j'avais le desir de contribuer....

— » Ma fête !

— » Oui, votre fête, j'aurais, depuis plus d'un mois, cédé aux instances réitérées qu'on m'a faites.

— »Qu'est-ce à dire! quelqu'un a-t-il le droit de vous contraindre à sortir de chez moi ?

— »Oui, Monsieur le gouverneur, et j'ai promis formellement hier....

— »Hier! m'expliquerez-vous ?...

— »C'est un secret, et ce secret n'est pas le mien.

— »Alors je devine.

— »Je ne le pense pas.

— »Vous êtes homme d'honneur, M. le marquis ?

— »Si l'on en doutait, je saurais le prouver.

— »Eh bien! Monsieur, il n'y a qu'une amourette, qui puisse vous engager à éviter une surveillance trop active.

— »On ne peut donc rien vous cacher, M. Broun ?

—Ce serait difficile, colonel. Vous me permettrez de vous faire observer, qu'un homme marié, un père de famille.... Ah! c'est scandaleux !

— » Gouverneur, vous outre-passez vos pouvoirs, les instructions du prince héréditaire, à mon égard, sont précises : j'ai la ville entière, et non la citadelle pour prison, j'y puis faire ce qu'il me plaît.

— » Pas précisément, Monsieur, et les mœurs, la morale. »

Un hussard porteur d'une dépêche, interrompt notre conversation, qui sans doute se serait animée.

— « Ah! ah! cela vous concerne, M. le colonel, que de mauvaises nouvelles en un jour! ajoute M. Broun, avec humeur.

— » Qu'est-ce donc encore?

— » Un message du prince Ferdinand, une lettre de votre chevalier d'Érigny. Ce diable d'homme! il l'a fait comme il l'avait dit, oui, il a écrit au roi de Prusse, et le grand Frédéric....

— » Eh bien, le grand Frédéric?

— » Vous êtes libre, Monsieur!

— » Libre! m'écriai-je, en sautant au cou du gouverneur, que j'étouffais dans l'excès de ma joie; donnez, donnez, Monsieur, que je m'assure par mes yeux....

— » Un moment, un moment, quels transports! j'en ai perdu la respiration. »

Je m'empare des précieux papiers. En y

trouvant l'éclatante marque d'estime que le chevalier d'Érigny vient d'obtenir du grand Frédéric, en acquérant la certitude que je vais revoir ma patrie, mon bonheur me fait oublier quelques instans, que près de moi des êtres dignes d'une tendre compassion versent d'abondantes larmes.

Il me devient impossible de me débarrasser du gouverneur, je redoute de me trouver en présence de sa femme et de sa fille; il m'entraîne malgré moi. Sans me consulter, M. Broun fixe mon départ au 15 mars, c'est-à-dire, qu'il m'impose encore dix jours de captivité. J'enrage, mais il faut me soumettre, car je ne puis quitter Wolfenbuttel sans qu'il m'ait délivré un passeport.

Quelque desir que j'en aie, il ne m'est plus permis de changer de logement; cette obligeante importunité place ces dames et moi dans une position délicate et difficile. Madame Broun, avec une présence d'esprit, une adresse inconcevables dans une circonstance aussi critique, détourne l'orage qui nous menace tous les trois.

Emma, ce jour là, ni le lendemain, ne

paraît point aux heures des repas. Madame
Broun colore cette absence, d'un motif qui ne
peut exciter la défiance du gouverneur : il est
affligé, mais non surpris d'apprendre, qu'à
la suite d'un bal où sa fille s'est fait un plaisir de ne pas manquer une contredanse, elle
ait gagné un gros rhume, en passant d'un
appartement chaud, dans une chambre
très-froide. On fait donc croire aisément à
M. Broun, que la fièvre la retient chez elle.

Quant au petit cousin, il n'osa reparaître
que le troisième jour. Il eut avec la mère
d'Emma une vive et longue explication. Il
importait à madame Broun de savoir, ce que
sa fille elle-même ignorait, si pendant le moment fatal où Wolf s'est introduit dans
l'asile qui, pour lui, eût dû être sacré, Emma
n'a point trahi le secret de son cœur.

Le docteur ne dit rien qui puisse faire craindre que la somnambule se soit compromise.
Sans chercher à atténuer ses torts, Wolf s'en
accuse avec les marques d'un sincère repen-
tir, il sollicite son pardon et supplie madame
Broun de joindre ses prières aux siennes pour
désarmer le courroux d'Emma, pour obtenir

de celle qu'il a déshonorée, qu'elle accepte la seule réparation possible,... le titre de son épouse.

Madame Broun me fit part de cette entrevue; Emma savait que j'étais rappelé dans ma patrie, cette circonstance devait contribuer à rendre moins vive son aversion pour M. Wolf. Nous tentâmes, d'abord sans succès, un rapprochement difficile; mais les instances d'une mère qui se montrait si indulgente, si généreuse; le tableau effrayant que je traçai à Emma de l'avenir qu'elle se préparait en persistant à refuser un titre qui devait effacer la tache imprimée à sa réputation, et sauver sa mère du désespoir, firent sur elle une impression profonde et salutaire.

N'osant plus avouer les tourmens qui dévorent son cœur, baignée de larmes, bourrelée de remords, pâle, abattue, épuisée par la souffrance, Emma se résigne, et comme une victime qui se dévoue à une longue et cruelle agonie, elle consent à revoir M. Wolf.

Le docteur, que de poignantes réflexions ont fait rentrer en lui-même, sent le besoin de faire oublier sa coupable conduite, d'amener progressivement Emma à supporter sa présence, sans horreur, sans contrainte, sans déplaisir. Humble, repentant, attentionné près de celle qu'il a flétrie par un crime, Wolf s'applique chaque jour à lui prouver son amour, ses regrets. Insensible à tout ce qu'il fait pour lui plaire, mais pressée par sa mère, Emma ne s'oppose plus à ce que l'époque de son mariage soit définitivement fixée.

M. Broun instruit le dernier des dispositions favorables de sa fille, pour le petit cousin, prétend qu'il était certain qu'Emma ne pouvait avoir d'autres volontés, que celles de son père, et tout radieux, il accourt m'annoncer cette grande nouvelle : « Une noce! me dit-il, et surtout celle d'Emma ! vous y danserez, colonel; voilà, Dieu merci, votre départ ajourné une seconde fois....

— » Impossible, gouverneur, répliquai-je; nous touchons au printemps, on fait, je le sais, de grands préparatifs pour la guerre : l'armée française, qui a pris ses quartiers d'hiver sur les bords du Rhin, ne peut tarder de recevoir l'ordre de se mettre en mouvement. Je veux revoir mes braves frères d'armes, avant l'ouverture de la campagne ; je veux participer à leurs premiers succès.

— » Si le prince Ferdinand ne les bat pas , comme il en a l'habitude... Ah ! pardon, M. le colonel , poursuit le gouverneur, en remarquant l'humeur que me donne cette outrageante réflexion..... Mais on est militaire.... l'amour de la patrie avant tout.

— » M. Broun, c'est demain le 15 mars, je partirai dès le matin.

— » Je sais... le devoir, le désir de combattre... Nous sommes tous comme cela... peut-être nous reverrons-nous, M. Gustave.

— » Ici ?

— » Ici ! vous êtes fait à nos habitudes, à nos goûts... si emporté par votre bouillant courage...

— » C'est juste, gouverneur, j'oubliais que vous avez , trois fois, été fait prisonnier.

— » Vous êtes mordant, M. le marquis, mais je vous aime malgré cela, j'ai reconnu en vous tant de qualités... votre absence va laisser un grand vide dans la citadelle.

— » C'est trop obligeant, M. Broun ! soyez assuré que je n'oublierai jamais l'accueil que j'ai reçu de vous. »

En discourant ainsi nous entrâmes dans le salon où nous trouvâmes M. Wolf, Emma et sa mère. Je profitai de l'occasion pour faire mes adieux; ce moment que je redoutais excita vivement la sensibilité de ces dames; Emma surtout ne put cacher la peine que lui causait mon départ. M. Wolf seul, malgré l'assurance de ses regrets, laissa percer parfois les marques d'une vive satisfaction.

Impatient de sortir, je priai madame Broun de vouloir bien venir régler avec moi nos comptes. Le gouverneur nous suivit, me remit l'argent qui m'était nécessaire pour mon voyage, et je me retirai chez moi.

Le lendemain, au point du jour, j'étais à cheval pour me rendre sous mes drapeaux, et je n'eus alors d'autres desirs que celui de me retrouver au milieu de mes compagnons d'armes, dont j'étais séparé depuis huit mois.

Mes vœux ne tardèrent pas à être exaucés. Avec quels transports de joie j'embrassai le chevalier d'Érigny, mon oncle et le prieur de Saint-Nicolas! Ils me donnèrent des nouvelles récentes d'Augustine, de mon fils et de madame de Bélancour. Le comte et l'abbé Rigobert arrivaient de Lunéville où résidaient ces dames. Le chevalier leur avait appris le succès de ses démarches et mon prochain retour; elles m'attendaient, mais quelqu'impérieux que fût le desir d'embrasser ma femme, son aimable tante et mon fils, je ne pus le satisfaire. Le chevalier d'Érigny m'ayant rendu dès mon arrivée le commandement, qu'en qualité de lieutenant-colonel il exerçait en mon absence, je sentis combien il était nécessaire que je restasse parmi ces braves dragons dont le franc et bruyant accueil me prouva que leur attachement, leur dévouement à ma personne étaient toujours les mêmes.

Mon retour fut un jour de fête : officiers, soldats, s'empressèrent de m'offrir leurs félicitations. Je ne savais en quels termes exprimer ma reconnaissance au chevalier d'Érigny que je leur présentai comme mon libérateur. Un joyeux banquet signala ma rentrée sous mon drapeau. Le lendemain, on eût dit, en me voyant reprendre mon service, mes habitudes militaires, que je n'avais jamais quitté mon régiment. Peu de jours après les hostilités commencèrent.

Investi, contre le vœu de l'armée, du commandement en chef, qu'elle s'attendait à voir conférer au comte de Saint-Germain, le duc de Broglie nous donna, pour nous faire connaître sa nomination, l'ordre de nous tenir prêts à entrer en campagne.

Avant d'instruire mes lecteurs des événemens de la guerre, je crois devoir tracer un parallèle entre l'homme que des brigues de cour, une indigne cabale venaient d'appeler aux plus hautes faveurs militaires, et celui, qui toujours modeste, quoique ses rares talens, son génie l'élevassent au-dessus de tous ses rivaux, aima mieux subir d'injustes préférences, que de rien devoir aux vils moyens que ses concurrens employaient pour parvenir.

CHAPITRE XXXIX.

Parallèle entre le duc de Broglie et le comte de Saint-Germain. — Brigues de cour. — Le duc de Broglie élevé au commandement en chef. — Général se laissant diriger, sans s'en douter, par le général ennemi. — Simple choc décoré du nom de bataille.— Disgrâce du comte de Saint-Germain. — Regrets de l'armée. — Coup de théâtre chevaleresque.

Le maréchal de Contades étant disgrâcié, le choix à faire pour le remplacer, embarrassa étrangement la cour. Elle balança entre le duc de Broglie et le comte de Saint-Germain, les seuls officiers-généraux sur lesquels ce choix pouvait porter. On reconnaissait dans l'un et dans l'autre une sévère probité quand il s'agissait d'argent, ce qui était alors une espèce de phénomène parmi nos officiers-généraux. Pour ce qui concerne les autres qualités, le premier se faisait remarquer par une valeur bouillante, mais il n'avait que de petites vues et son esprit ne lui présentait que de petites ressources. Le second était flegmatique, mais ses vues et ses ressources étaient grandes. Le duc de Broglie brillait par les talens du moment, c'est-à-dire par un coup-d'œil assez sûr, par de l'habileté à prendre promptement un parti, à dresser une marche, une attaque, un ordre de bataille. Le comte de Saint-Germain, qui avait mis à profit une longue expérience, en faisait des applications d'une justesse parfaite, quelque variés que fussent les objets. M. de Broglie ne s'élevait réellement à la hauteur du commandement que le jour d'une affaire; et M. de Saint-Germain se montrait général supérieur pendant toute la campagne. Le premier était tourmenté par la crainte que l'on appréciât à leur juste valeur les vertus, le savoir et les actions éclatantes du second; et le second ne craignait, de la part du premier, que son crédit, sa jalousie et les manœuvres secrètes de son frère, le comte de Broglie, homme plein d'esprit, de bravoure et de connaissances militaires, mais insolent, méchant et ayant une âme qui distillait continuellement le fiel. Enfin, l'un s'enorgueillissait des succès récens

de Berghem , de Sunderhausen et de Lutzelberg; mais il était incontestablement prouvé
que l'autre , quoique toujours contrarié par
des rivaux jaloux, et réduit à un abandon
funeste par la trahison, avait sauvé l'armée
à Rosback, dans la retraite de Hanôvre et à
la bataille de Crevelt.

Toute l'armée, en faisant le parallèle qu'on
vient de lire, avait proclamé le comte de
Saint-Germain le meilleur de nos officiers-
généraux', et l'avait désigné pour le commandement en chef. Mais l'opinion de l'armée
était d'un poids infiniment léger aux yeux des
cabaleurs de Versailles. M. de Saint-Germain,
simple gentilhomme, n'allait jamais à la cour,
n'y avait aucune brigue, et vivait dans sa famille; il croyait que de la probité, du savoir,
des talens , des services, dispensaient de solli-
citations , de flatteries et d'intrigues. Le duc
de Broglie l'avait donc emporté sur lui : nommé successeur de M. de Contades, il fut élevé
à la dignité de maréchal de France.

Il ne dut toutefois cette préférence qu'à des
redoublemens infinis d'intrigues et qu'à de
calomnieuses insinuations contre son rival.

Dans le principe, pour sortir d'embarras et satisfaire les deux partis, la cour avait eu l'intention de partager l'armée d'Allemagne en deux armées indépendantes l'une de l'autre. La première eût été commandée par le duc de Broglie, qui, après la bataille de Berghem, ayant rassemblé ses quartiers, se trouvait sous Francfort à la tête de quatre-vingt-dix mille hommes, bien complets et en bon état. La seconde eût eu pour chef M. de Saint-Germain qui, par la réunion qu'il avait faite des quartiers du Bas-Rhin, commandait, à Dusseldorff, trente-cinq mille hommes, n'ayant aucun ennemi en face de lui. Mais humilié de ce partage et tourmenté par le desir de voir soumis à ses ordres un grand homme dont le mérite l'offusquait, la vanité de M. de Broglie le rendit insensible à l'intérêt de la cause commune; il fit agir si habilement ses amis, qu'il obtint la jonction des deux armées. Quand il pouvait se débarrasser de la moitié d'un fardeau des plus pesans, il osa se charger de la terrible responsabilité attachée au commandement de cent cinquante mille hommes; il ferma les yeux sur l'extrême difficulté de les mener ensemble, en masse, à travers des montagnes presque inaccessibles, au milieu d'un pays déjà ruiné; de nourrir, là, trois ou quatre cent mille bouches, et d'y engager un train immense d'artillerie et de bagages. Enfin, cette délirante vanité le dominait tellement qu'elle lui ravissait la faculté de prévoir que la faim consumerait la moitié des hommes et des chevaux, et que, sans parler des échecs probables, les seules marches feraient perdre la plus grande partie des bagages et de l'artillerie.

En remportant le funeste triomphe qu'il avait si ardemment sollicité, il ne s'aperçut pas qu'il servait le prince Ferdinand selon ses vœux. Ce que ce prince redoutait le plus alors, c'était d'avoir à lutter contre deux armées, qui auraient eu des moyens faciles de subsistances, l'une dans le Bas-Rhin, en la dirigeant contre Munster et Lipstadt; l'autre, dans le Haut-Rhin, qui eût marché contre la Hesse. Lorsqu'on leur faisait au contraire suivre un seul chemin, la précaution des magasins, pour une aussi grande masse d'hommes, ne pouvait avoir été prise, dans un pays que l'ennemi occupait. Aussi, bientôt cette armée accabla-t-elle, du poids de ses bagages, les terres par où elle passa : semblable au feu du ciel, ou à un torrent impétueux, elle laissa derrière elle, la misère et la désolation, et se ferma ainsi la facilité du retour.

De son camp de Neuhaus, le prince Ferdinand observait, avec une joie qu'il avait peine à dissimuler, cette imprudente marche. Par de fines manœuvres, de feintes inquiétudes, il sut adroitement persuader que son génie pliait devant celui de M. de Broglie; il en résulta, que ce fut lui, en quelque sorte, qui dirigea nos mouvemens, et nous poussa vers le point qui convenait le plus à ses projets. Donnant complètement dans le piége, notre général fit faire de fort belles marches pour nous rendre à ce point, qui était Corback; nous y arrivâmes, et nous hâtâmes de nous y enfermer.

Corback, petite ville du nombre de celles qu'alors on nommait *libres*, est située entre Fulde, et les montagnes de la Westphalie, et environnée d'une plaine de sept à huit lieues. Cette plaine devenait une ressource très-nécessaire à notre subsistance, car on sait que nous manquions de magasins.

« Si le plan de campagne de M. de Broglie était irréprochable, nous disait le chevalier d'Érigny, cette plaine serait pour nous un excellent débouché. Non-seulement on aurait la facilité de s'y procurer des vivres, mais encore on pourrait la regarder comme la clé de la Westphalie. Sa proximité de Cassel nous autoriserait à compter sur la facilité de soumettre la Hesse. Son voisinage du Weser ferait espérer un passage libre dans le pays de Hanôvre, et les gorges de Warbourg et de Statberg, qui la bornent, du côté de la Dymel, de la Lippe, du duché de Westphalie et du comté de la Marck, nous ouvriraient les évêchés (1). Mais, dans l'état actuel des choses, établir un projet sur ces

---

(1) On comprenait sous le nom *des évêchés* ou de la *rue aux prétres*, les anciens états de l'électeur de Cologne, qui contenaient cinq sièges épiscopaux, savoir : Cologne archevêché, Munster, Paderborn, Hildesheim et Osnabruck. Il ne faut pas confondre ce pays avec celui de Toul, Metz et Verdun, qui est aussi désigné sous le nom collectif des *Évêchés*.

avantages , c'est n'avoir considéré l'entreprise que d'un côté spécieux.

» Ainsi, quoique M. de Broglie soit très-
habile à diriger ses marches et à choisir ses
camps , il m'est démontré qu'il a fait une
grande faute , en négligeant de considérer
que la plaine de Corback est divisée en deux
camps inaccessibles , l'un pour l'autre , et
que , si la nature semble l'avoir formée pour
l'attaque de tous les lieux dont on veut faire
la conquête , elle paraît y avoir placé également le point de défense des mêmes lieux.
Par sa droite , le camp de Sachsenhausen n'a
besoin , pour couvrir les gorges de Warbourg
et de Statberg, que d'y placer de petits détachemens , et par sa gauche il défend l'entrée du pays de Hanôvre et de Cassel. D'autres considérations , peut-être plus sérieuses
encore , auraient dû éclairer aussi M. de
Broglie : ces considérations sont que , dans
une situation , telle que la nôtre , l'habileté
du prince Ferdinand et la disette des vivres
seront deux grands obstacles à surmonter ;
que , dans le cas où nous ferons notre pointe
un peu trop hardie , nous risquerons de pro-

voquer une excursion de la part du prince
Henri de Prusse, qui n'est arrêté que faible-
ment par l'armée des Cercles. Il est bien
étonnant, dit en terminant le chevalier d'É-
rigny, que M. de Broglie n'ait pas daigné s'arrêter un instant à ces considérations! »

Sans murmurer du parti qu'avait pris la
cour, de le placer sous les ordres de M. de
Broglie, moins ancien lieutenant-général que
lui, M. de Saint-Germain, ayant opéré la fatale jonction à laquelle il s'était opposé
avant la décision, ne songea plus qu'à exécuter ponctuellement ce qui avait été arrêté.
Mais, ce n'était pas assez d'avoir voulu l'humilier, on voulut lui faire commettre des fautes,
afin d'avoir un prétexte pour le perdre. Au
camp de Mérode, à sept lieues de la plaine
de Corback, un aide-de-camp, nommé Bour-
neville, vient, de la part du maréchal, lui
dire de retarder sa marche. La nécessité de se
pourvoir de pain, porte M. de Saint-Germain
à obtempérer à cette singulière injonction :
il désigne donc un séjour; mais, deux heures
après, éclairé par la réflexion, il change de
sentiment, et ordonne de battre la générale.

On se remet en marche, et l'on arrive au rendez-vous de la jonction, à neuf heures du matin.

Alors, M. de Saint-Germain nous fait déboucher dans la plaine de Corback. Nous y trouvons les colonnes hanôvriennes, commençant à se former, et déjà maîtresses d'une partie de cette plaine, notamment du camp que devait occuper notre réserve; mais, on ne voit pas encore paraître les colonnes de l'armée de M. de Broglie. Cependant, on se bat, et M. de Saint-Germain oppose à l'ennemi, quatre à cinq mille hommes, tout au plus, qu'il peut déployer dans la plaine. Ce n'est que vers une heure après midi, que la tête de la grande armée paraît, et qu'il juge que rien ne doit plus l'empêcher de faire déboucher le reste de son armée. M. de Broglie s'étend par sa gauche; les Hanôvriens prennent tranquillement leur bon camp de Sachsenhausen, laissant cinq à six cents morts, blessés ou prisonniers. Notre perte est à peu près égale à la leur; mais, nous leur prenons de plus, dans un bois, treize pièces de canon.

Cet événement ne peut être nommé qu'un

simple choc, dont le succès est dû à la bravoure de quelques régimens; on ne l'en décore pas moins du nom pompeux de bataille de Corback, et la renommée n'a pas assez de trompettes pour proclamer la gloire du maréchal de Broglie.

Au reste, quel qu'ait été ce succès, à qui l'avons-nous dû ? à M. de Saint-Germain. Arrivé avec une armée très-inférieure en nombre, dans la plaine de Corback, y trouvant les ennemis en force, et ne voyant pas arriver M. de Broglie, il pouvait, après une heure de combat, tenir un conseil de guerre, y proposer la retraite, l'effectuer, puis, s'en retourner sur le Bas-Rhin. Son excuse eût été légitime. Le maréchal eût manqué la campagne par sa propre faute, et n'eût pu accuser M. de Saint-Germain, qu'injustement, puisqu'il aurait paru avoir sauvé une partie de l'armée.

M. de Saint-Germain se fit au contraire un devoir de sacrifier l'intérêt de sa propre gloire au bien du service; il se conduisit en citoyen, mais, il mit en même temps une continuelle prudence dans ses actes les plus simples. Si, ne suivant que son zèle, il se fût engagé, avec son armée entière, dans la plaine, sur la confiance de l'arrivée du maréchal, quatre heures qui s'écoulèrent, dans l'attente de la grande armée, auraient suffi pour le faire battre complètement. On n'en eût pas moins loué le plan de M. de Broglie, et le blâme n'eût tombé que sur le général battu.

On devait donc au comte de Saint-Germain des éloges et des remercîmens. Eh bien! l'espèce de reconnaissance qu'on manifesta pour ce grand homme fut de l'accuser indignement et de le destituer. Dans toute la France on considéra sa disgrâce comme une calamité. Au moment où il quitta son armée, la consternation se répandit sur tous les visages. Les soldats pleuraient, juraient, maudissaient les ennemis de leur général, et le nommaient leur père et leur soutien.

Le chevalier, depuis comte de Muy, eut le malheur de succéder sous de si tristes auspices à un général si chéri. Quoique très-brave et très-instruit, M. de Muy sentit toute la difficulté, tout le désagrément de le remplacer. La démarche qu'il se voyait obligé de faire était pénible pour un homme en qui la probité et les vertus civiles s'alliaient à beaucoup d'esprit et à des talens militaires d'un ordre supérieur. Ayant assemblé les officiers, il parut aussi affecté qu'eux de la perte qu'ils faisaient, et reçut leurs complimens avec une touchante modestie.

Soudain, un de nos officiers-généraux fait un coup de théâtre vraiment chevaleresque; c'est le marquis de Roquepine, personnage à la fois héroïquement et comiquement original, mais d'une bravoure éprouvée, d'un esprit aimable, et doué surtout de cette probité, de ce vieux honneur gaulois, qui semblent si ridicules dans un siècle aussi policé que le nôtre. Faisant partie des officiers qui, dans un morne silence, entourent le chevalier de Muy, sa figure s'anime d'une expression toute martiale, il se campe fièrement sur ses pieds, puis fixant ses regards sur le général : « Nous vous considérons, Monsieur, lui dit-» il, comme un très-galant homme, très-» brave et très-fidèle serviteur du roi; mais » nous avons perdu notre père, et sûremeut » vous ne vous flattez pas de nous faire ou-

» blier cette perte par l'égalité des talens mi-
» litaires. Il en savait plus que vous, qui l'es-
» timez, et que tous ceux qui le craignaient.
» Dans notre malheur c'est pour nous une
» consolation de le voir remplacé par vous,
» que nous honorons ; mais le cas que nous fai-
» sons de vos talens ne diminue pas l'idée de
» notre perte. Le comte de Saint-Germain est
» le plus grand général de l'Europe. Je suis
» ici l'organe de toute l'armée, et si quelqu'un
» est assez J... f.... pour penser différem-
» ment, qu'il ramasse mon gant et qu'il me le
» rapporte. »

A ces mots il jette son gant au milieu du
cercle. Tout le monde fait place à ce gage de
combat, le laisse tomber par terre, et il reste
jusqu'à ce que le bouillant marquis aille le
ramasser. C'est ce qu'il fait enfin, puis, après
avoir réitéré son défi en termes très-énergi-
ques, il se retire.

On ne tarda pas à reconnaître que le comte
de Saint-Germain était en effet le seul général qui aurait pu rétablir nos affaires en Allemagne, et réparer les sottises multipliées,
coup sur coup, depuis 1757 ; on ne douta

plus que sa disgrâce n'entraînât la ruine totale de nos opérations. Aussi l'Europe entière
applaudit-elle au discernement et à la sagesse
qui portèrent le roi de Danemarck à honorer de sa confiance intime, les vertus et les
talens de ce grand homme (1).

---

(1) Une notice sur le comte de Saint-Germain, doit trouver ici
sa place. Je regarde même comme un devoir de réparer l'oubli im-
pardonnable de nos fabricans de biographies à son égard.

Le comte de Saint-Germain était un gentilhomme d'Alsace à simple
tonsure. Dans sa première jeunesse il fut jésuite, et même professa.
Mais la manière dont les disciples d'Ignace entendaient la morale
évangélique fit évanouir sa vocation pour l'état ecclésiastique, et il
quitta l'ordre pour être lieutenant, puis capitaine de milice. De là
il passa successivement au service de l'électeur palatin, de la maison
d'Autriche et de l'empereur Charles VII, et y acquit la réputation
d'un brave et savant officier.

Revenu en France, il fut bientôt employé ; l'illustre maréchal de
Saxe, qui se connaissait en mérite militaire, et qui avait une haute
estime pour celui du comte de Saint-Germain, voulut qu'il prît du
service dans l'armée qu'il commandait et lui donna toute sa confiance.
Le comte acquit ainsi les différens grades. Il fut ensuite décoré du
cordon rouge, et il était à la veille d'être élevé à la dignité de maréchal de France, lorsque les tracasseries que lui fit éprouver le maréchal de Broglie détruisirent toutes ses espérances à cet égard.

Alors privé de la satisfaction de pouvoir être utile désormais à son
pays, il accepta des offres que lui fit Christiern VI, roi de Danemarck, et se chargea de la direction des troupes de ce prince. Frédéric V ayant succédé à son père, suivit l'impulsion que lui donnèrent
des courtisans jaloux du comte de Saint-Germain, il le remercia et
lui proposa un traitement de retraite considérable, mais celui-ci
préféra cent mille écus argent comptant.

Malheureusement il plaça cette somme et tout ce qu'il possédait encore, chez un banquier de Hambourg. Peu de temps après, ce banquier fit banqueroute. De retour en Alsace, sa patrie, le comte de Saint-Germain se trouva donc complétement ruiné. Les officiers du régiment Royal-Alsace, profondément affligés de voir leur ancien général dans une si pénible situation, se cotisèrent pour lui procurer une existence indépendante. Ce procédé généreux fit rougir les ministres français de l'abandon dans lequel ils avaient laissé un officier général si distingué, et ils engagèrent le roi à lui faire une pension de dix mille francs.

M. de Saint-Germain vivait de cette pension, quand un courrier, envoyé par la cour, vint en 1775 le chercher à la charrue, pour être ministre de la guerre, comme autrefois les Romains allaient chercher leurs généraux. Il était en bonnet de nuit et en redingote dans son jardin, lorsque l'abbé Dubois, frère du commandant du guet de Paris, vint lui annoncer sa nomination. Il s'écria : *Est-ce qu'on pense encore à moi?* accepta et partit.

Avant de mourir, le maréchal de Muy l'avait désigné au roi, comme le plus digne de lui succéder au ministère de la guerre, et M. de Malesherbes, appuyé de l'avis unanime des autres ministres, avait ensuite décidé sa majesté à le nommer.

A son arrivée à Versailles, après qu'il eut été présenté au roi, sa majesté lui rendit, de sa main, le cordon rouge qu'il avait renvoyé, lors de son départ pour le Danemarck, et lui fit donner cent mille écus pour se meubler et monter sa maison. Comme le comte de Saint-Germain avait le grade de feld-maréchal en Danemarck, on crut que ce grade le désignait pour être incessamment maréchal de France.

Son élévation au ministère causa une allégresse générale dans l'armée. Il déclara que la première chose dont il allait s'occuper, serait de venir au secours des officiers malheureux. Mais, ses projets de suppression de la maison militaire du roi, pour la remplacer par tous les régimens de France, qui seraient venus à tour de rôle, monter la garde à la cour auprès de la personne de S. M., déplut beaucoup aux courtisans. Vainement on souhaitait que cet arrangement eût lieu, parce que c'était un moyen de faire connaître successivement au roi tous les militaires de son royaume, qui l'auraient également connu, et qu'il en serait résulté un zèle plus grand de leur part, et une bienfaisance plus éclairée chez le monarque. Toute la haute noblesse que les suppressions projetées devaient atteindre, était en alarmes, criait contre le ministre, et le nommait le *Maupeou militaire*. Elle persuada même à *Monsieur* (depuis Louis XVIII) de s'unir à elle, en sa qualité de colonel-général des carabiniers. Ce prince alla chez M. de Saint-Germain pour lui signifier de renoncer à son projet. M. de Saint-Germain lui répondit respectueusement qu'il était devenu celui du roi, qui en voulait l'exécution. On présumait la résolution de S. M. invariable à cet égard, d'autant plus qu'elle était confirmée par les avis des trois ministres, MM. de Saint-Germain, de Turgot, et de Malesherbes.

La reine elle-même, entreprit M. de Saint-Germain sur ses opérations, et lui demanda pourquoi il conservait cinquante gens-d'armes et cinquante chevau-légers? Elle ajoutait : « C'est sans doute » pour accompagner le roi au lit de justice? — Non, madame, c'est » pour figurer au *Te Deum*. »

L'usage était, quand un secrétaire d'Etat de la guerre parvenait à ce département, qu'il annonçât son avènement, par des lettres circulaires, à tous les gouverneurs, lieutenans-généraux, officiers et commandans, etc. Le comte de Saint-Germain profita de cette circonstance, pour écrire au maréchal duc de Broglie, gouverneur de Metz et du pays Messin, une lettre particulière, par laquelle il semblait oublier la contestation élevée entre eux, lors de l'affaire de Corback, et qui avait occasioné sa retraite. M. de Broglie répondit sur le même ton, et l'on donna dans le monde ces deux épîtres pour des modèles de générosité et de sentimens patriotiques.

CHAPITRE XL.

Situation critique de l'armée française. — Chacun veut commander, personne ne veut obéir. — Fautes d'un célèbre général en chef. — Perte de la bataille de Warbourg.

EXAMINONS maintenant quels furent les effets de la fameuse bataille de Corback. Avec soixante et dix mille hommes, le prince Ferdinand nous en tenait en échec cent quarante mille, et quand le maréchal venait de perdre la moitié de l'été à fusiller à la tête de son camp, l'intrépide prince héréditaire de Brunswick, étant passé derrière notre armée avec sept à huit mille hommes, nous prenait nos convois et nos courriers. Il nous surprit même un corps de troupes aux ordres de M. Glaubitz, et nous causa des dommages que nous étions loin de prévoir.

L'armée était affaiblie par la perte de vingt mille hommes. La division au commande-

ment de laquelle M. de Muy avait succédé à
M. de Saint-Germain, était diminuée de moitié et faisait partie de la gauche, tandis que le
prince Xavier tenait la droite avec ses Saxons.
Nous ne pouvions rester dans la pénible situation où l'on nous avait réduits : nous
avions mangé toute la plaine de Corback ;
nous manquions de pain et de fourrages, et
toute espèce de moyen d'entreprendre quelque chose nous était ravi. Il fallait pourtant
se décider à avancer ou à reculer. Comment
sortir d'une manière honorable de ce que
nous appelions *un trou destructeur?* La chose
n'était possible que par un de ces élans plus
qu'humains, qui élèvent les braves au-dessus
d'eux-mêmes dans les circonstances péril-
leuses. Mais ne voilà-t-il pas que le bruit cir-
cule qu'on est tourmenté d'une violente ten-
tation de faire une course dans le pays de Hanôvre et de s'emparer en même temps des
deux défilés de Warbourg et de Stadtberg,
qui donneraient entrée dans les évêchés du
cercle de Westphalie. Et quel est le but
de cette belle idée ? Uniquement celui de s'en
faire un mérite auprès de la cour. Pour don-

ner à ce qu'on veut effectuer une apparence
de régularité, le maréchal de Broglie as-
semble des officiers de tous les grades ; il leur
communique ses vues, persuadé qu'aucun
d'eux n'osera émettre un avis différent du
sien : mais, au risque d'encourir sa disgrâce,
le comte de Bélancour et le chevalier d'Érigny combattent un plan si absurde.

« Je supplie, monsieur le maréchal, de
me pardonner, dit le chevalier, si j'ose lui
faire observer que l'exécution du projet d'aller
dans le Hanôvre, ne nous laissera d'autre perspective que des désastres. Le plan
qui me paraîtrait le seul raisonnable, le seul
exécutable, dans la conjoncture actuelle, serait de sortir avec intrépidité, de tourner le
camp des ennemis par leur droite, et de faire
prendre à notre armée, le chemin de Landau
et de Walfagen. En adoptant ce parti, on
couperait au prince Ferdinand les débouchés
de la Westphalie ; puis, en le rejetant derrière le Weser, nous nous rendrions facilement les maîtres de Lipstadt et de Munster ;
la campagne finirait ensuite dans les évêchés,
et là, monsieur le maréchal, vous pourriez

former des placès d'armes, et des magasins pour l'année prochaine.

» Si vous prétendez, au contraire, pénétrer dans le Hanôvre, en même temps que vous avez l'intention de fermer au prince Ferdinand le débouché de la Westphalie, vous vous livrerez à l'entreprise la plus hasardeuse.

» En vous soumettant ces observations, monsieur le maréchal, M. de Bélancour et moi, croyons remplir un devoir sacré. Si vous ne les jugez pas dignes d'être prises en considération, nous n'en serons pas moins toujours fidèles à exécuter, même au péril de notre vie, les ordres que vous nous donnerez. »

Le maréchal de Broglie reçut fort mal les observations, qu'un lieutenant-colonel de dragons avait la hardiesse de lui faire devant de nombreux témoins, et il n'en tint aucun compte.

En même temps donc que, par ses ordres, les Saxons, à la droite, forcèrent Cassel, il fit marcher la gauche par Landau, situé sur le flanc droit du camp de Sachsenhausen. Il perdit alors des instans précieux, dans le camp de Kanstein, à attendre le rappel de M. de Saint-Germain, qui commandait cette gauche. Il ordonna ensuite au chevalier de Muy, successeur de ce général, de s'avancer sur Welckmarsheim, où M. de Sporcken s'était retranché dans des bois et sur les hauteurs qui dominent ce bourg. Le comte de Broglie, frère du maréchal, qui commandait une belle division, composée de l'élite de l'armée, tourna le camp de M. de Sporcken, et après un léger combat, obligea ce général à repasser les défilés, et à se camper à la gorge de Warbourg.

Le chevalier de Muy marcha pour obéir au maréchal, sur la gorge de Stadtberg; enfin, après plusieurs marches et contre-marches sans combat, sa division, composée d'environ dix-huit mille hommes, passa le défilé de Warbourg et prit le camp du même nom. Nous avions à notre droite la ville de Warbourg fermée de murailles, où l'on avait jeté un bataillon en avant de notre centre; un peu sur la droite, une tour occupée par deux cents hommes des ennemis. Notre gauche était appuyée à des hauteurs, sur la plus éloi-

gnée desquelles on voyait une autre tour
ruinée. En avant de notre camp s'étendait
une plaine de deux lieues de largeur, bordée
d'un bois qui, passant derrière Warbourg
par notre droite, continuait son enceinte, et
allait terminer notre gauche très-près de la tour.
La disposition du terrain et notre sécurité nous
avaient engagés à faire camper la cavalerie
au centre, sur deux lignes, et l'infanterie
aux deux ailes. La Dymel, passant dans
Warbourg, coulait derrière notre camp jusqu'au-delà de notre gauche. Nous avions sur
cette rivière deux ponts, l'un dans Warbourg,
où était une partie de nos équipages, l'autre
derrière notre gauche, à un village appelé
Germeté, où était notre hôpital ambulant.

Le corps d'armée qui, depuis notre sortie
du camp de Corback, nous avait été opposé,
était de quinze mille hommes, commandés
par M. de Sporcken assez bon général. La
faiblesse de cette division pouvait seule faire
excuser notre mauvaise disposition; je dis
mauvaise, puisque nous avions en avant de
nous, des bois qui nous cachaient la position
de l'ennemi, et une tour, d'où les regards

plongeaient dans notre camp, et d'où l'on voyait distinctement tous nos mouvemens. A notre droite était une mauvaise ville qu'on ne pouvait défendre ; à notre gauche des montagnes nous dominaient, et derrière nous coulait une rivière escarpée avec deux ponts seulement, embarrassés par les équipages, par l'hôpital ambulant, et, pour toute retraite, des gorges de montagnes, d'où nous étions descendus en défilant.

Le maréchal avait effectivement disposé son armée par échelons ; la réserve du chevalier de Muy, qui terminait la droite, devait être soutenue par un corps de quatre mille hommes, aux ordres de M. de la Morlière. Ce corps devait être soutenu à son tour par un autre plus considérable, commandé par M. de Saint-Pern. Le comte de Broglie en commandait un troisième qui communiquait avec la grande armée. Toutes ces réserves étaient placées à des distances égales, pour se prêter des secours mutuels, et la plus éloignée n'était pas à six lieues.

Jusqu'alors nos marches avaient été belles, car le maréchal de Broglie était grand détailliste et voyait bien un terrain de cinq à six lieues. Mais la conduite du prince Ferdinand fut admirable. J'ai dit plus haut que ses ruses nous avaient attirés à Corback; il joua donc presque à coup sûr en nous faisant tomber dans le piège, en prenant pour bases de ses calculs, le caractère valeureux, mais irréfléchi des Français, les talens mal dirigés et l'entêtement de M. de Broglie, notre disette, les cabales de la cour, les ordres des ministres et les propos de Paris.

Ce prince nous forçait ainsi à consumer, dans la plaine dont il s'agit, la moitié de la belle saison, nous mettait dans l'impuissance de nous arrêter nulle part, et réduisait nos exploits à une demi-campagne, dont une partie devait se perdre en longues et fatigantes marches, pour regagner nos quartiers du Mein et du Rhin.

Il fit plus : le prolongement de notre armée empêchant que les deux extrémités se secourussent mutuellement à propos, il partit de son camp de Sachsenhausen, sans être aperçu du maréchal, avec un très-gros détachement, le même jour que nous arrivâmes dans notre camp de Warbourg. M. de Sporcken s'avança sur nous par notre droite, tandis que le prince fit filer sur notre gauche de l'infanterie, qui passa la nuit dans les bois qui la bordaient. Il s'éleva, le lendemain, un brouillard si épais qu'on ne voyait point à cinquante pas, ce qui facilita encore les manœuvres des alliés. M. de Sporcken fit mine d'avancer de l'infanterie pour soutenir la tour placée en avant de notre droite et que nos troupes légères attaquaient. M. de Muy, qui n'était point averti de la marche du prince Ferdinand, croyant n'avoir affaire qu'à un corps d'une force égale à la sienne, avait tiré une grande partie de l'infanterie de sa gauche pour fortifier sa droite. Mais, le brouillard ayant cessé à neuf heures du matin, il vit distinctement et fort près, trois colonnes, sortant en bon ordre d'un bois pour attaquer notre gauche. Alors, dans le dessein de réparer la faute qu'il avait faite de se dégarnir de ce côté, il se hâta d'y envoyer l'infanterie qu'il en avait tirée, et même de la renforcer. On y fit avancer aussi de la cavalerie, mais elle ne servit qu'à embarrasser la marche, à cause de l'inégalité du terrain. Toute l'infanterie fit des merveilles et ne perdit ses positions que pied à pied, avec beaucoup de courage. Les brigades les plus maltraitées furent celles de Bourbonnais, de la Couronne, de Rouergue, les Suisses de Planta, de Jenner, et Lockman.

Tout le canon que l'on aventura sur la gauche fut pris. Les alliés s'emparèrent du village de Germeté, où nos équipages et notre hôpital ambulant devinrent leur conquête. Cependant, M. de Sporcken, l'un de leurs généraux, profita du désordre de notre gauche pour attaquer vigoureusement notre droite, s'emparer de Warbourg, et forcer nos troupes à passer la Dymel au gué et à la nage, abandonnant le camp tendu et le canon. Toute la cavalerie de la droite, commandée par le général Lutzelbourg et le maréchal de camp Maugiron, hommes d'esprit, mais débauchés, avides et poltrons, se retira sans s'être battue. Cette retraite précipitée fut la première cause du désordre. Elle avait pour prétexte de couvrir celle des équipages, mais les équipages n'en furent pas moins pris.

La cavalerie de la gauche consistait en deux brigades qui, en se tenant ensemble, pouvaient protéger la retraite de l'infanterie et du canon. Mais, la valeur inconsidérée et l'insubordination du marquis de Lugeac, commandant les grenadiers à cheval, ruina toute espérance. Avec six escadrons seulement, il attaqua toute la cavalerie anglaise, que soutenaient deux colonnes d'infanterie et du canon. Aussi deux minutes suffirent-elles pour qu'il fût battu, et sa défaite produisit le double malheur de priver notre infanterie de l'appui de notre cavalerie, et de donner à la cavalerie anglaise la hardiesse de venir l'attaquer dans sa retraite, le sabre à la main.

Ce marquis de Lugeac était un homme fort dangereux, avide, téméraire, fat, hautain, boute-feu, cabaleur, ignorant et toujours tranchant sur tous les sujets. Quinze ans après cette époque, en juillet 1775, les grenadiers à cheval qu'il commandait, présentèrent à M. de Muy, alors ministre de la guerre, un mémoire, par lequel ils se plaignaient de ce que ce marquis, dont la dureté allait jusqu'à la férocité, leur retenait injustement la moitié de leur paie.

Nous eûmes à cette affaire de Warbourg, six mille hommes tués, ou blessés, ou prisonniers; la plus grande partie de nos canons et de nos équipages resta aux ennemis. Cependant nos troupes avaient montré une héroïque fermeté et s'étaient retirées, non-seulement sans fuir, mais encore avec un ordre aussi admirable qu'imposant. Les Suisses firent surtout beaucoup d'honneur à cette bataille. Le baron de Travers, MM. Jenner, Lockman se distinguèrent, ainsi que le comte de Montbarrey, colonel de la couronne, et les autres chefs.

Si l'on avait su conduire nos troupes, leur retraite eût ressemblé à une victoire. Mais chacun commandait et personne n'obéissait. Le lieutenant-général marquis d'Auvet, commandant l'aile gauche de la cavalerie, n'eut ni assez de fermeté ni assez de crédit sur le marquis de Lugeac pour retenir sa témérité. MM. de Lutzelbourg et Maugiron n'avaient reçu de personne l'ordre d'emmener, ainsi qu'ils le firent, l'aile droite de la cavalerie aux équipages. Le duc de Fronsac, fils du brillant duc de Richelieu, mais ignorant, léger, dénué de talent et de consistance, quoique brave, était à la tête des dragons; sans but, sans plan, sans ordre, il les dirigeait tantôt à droite, tantôt à gauche, d'une manière si maladroite qu'il embarrassait tout le monde et ne faisait ferme nulle part. Le lieutenant-général de la Morlière, qui commandait un corps détaché de quatre mille hommes, à deux lieues du champ de bataille, et qui était plus à portée que les autres chefs de secourir le chevalier de Muy, voyait, entendait la fusillade; non-seulement il ne voulut pas avancer, mais il se retira et empêcha même de marcher le brave et probe lieutenant-général de Saint-Pern, colonel des grenadiers de France, qui était sous ses ordres, comme chargé de la réserve intermédiaire entre le chevalier de Muy et le comte de Broglie.

Toutefois, malgré cette espèce d'anarchie militaire, les alliés, et surtout les Anglais, composant la tête de l'attaque, perdirent pour le moins autant de monde que nous, et nous leur fîmes plus de prisonniers qu'ils ne réussirent à nous en faire.

Le même soir, d'elles-mêmes, les troupes se retirèrent dans le camp de Wolckmussen, à trois lieues de Warbourg. L'ennemi n'osa ni les suivre, ni passer la Dymel jusqu'au lendemain. Faisons remarquer ici qu'aucun homme de l'armée ne traversa cette rivière sur les deux ponts, et que tous la passèrent dans l'eau, l'infanterie en ayant dans plusieurs endroits jusqu'à la poitrine. Si nos troupes arrivèrent saines et sauves au camp, ce fut un grand coup de bonheur, car à la sortie de Corback, le comte de Broglie avait mêlé tellement les colonnes que notre marche en avait été retardée. Nous nous repliâmes ensuite, par plusieurs marches, sur le camp retranché de Cassel; les ennemis nous y suivirent en harcelant notre arrière-garde, et ils la maltraitèrent très-fort à son arrivée à Weimar, dans la plaine de Cassel.

Afin de diminuer, aux yeux de la nation, l'étendue des pertes que nous venions de faire, on préconisa bien haut la gloire et les avantages qui devaient résulter de la prise de Cassel, dont le prince Xavier venait de se rendre maître, et de celle du camp tendu des ennemis, par le maréchal, c'est-à-dire cent mille aunes de vieilles toiles.

La vérité, est que la perte de cette bataille de Warbourg a pensé nous coûter la Flandres, où nous n'avons pu revenir qu'avec des peines incroyables, et que nous n'avons défendue que par miracle. Si, dans cette circonstance, le chevalier de Muy, homme de mérite, très-appliqué à son métier, a été un exécuteur malheureux, on ne doit l'attribuer qu'au maréchal de Broglie, qui l'avait trop éloigné, ne le soutenait pas assez, et s'était laissé dérober une marche par l'ennemi, en sa présence.

Le prince Ferdinand ne s'endormit point sur ses lauriers : huit jours après, il se porta avec la même rapidité à sa gauche et battit notre droite. Nous fîmes alors comme les limaçons, nous nous repliâmes dans notre coquille, c'est-à-dire, dans le camp retranché de Cassel, et notre position n'y fut jamais tranquille. Une forêt appelée de Sababord, dont nous n'étions pas assez loin, inquiéta notre droite, jusqu'à l'époque où de plus grands événemens nous arrachèrent à ce repos si souvent troublé.

CHAPITRE XLI.

Superbe plan imaginé par les cours de Londres et de Berlin contre la France et l'Autriche. — Ce plan réduit à l'impuissance. — Beau coup manqué par le prince héréditaire de Brunswick. —Victoire de Klosterskamp, remportée par le jeune marquis de Castries.

Les cours de Londres et de Berlin venaient alors de concevoir un nouveau plan de guerre, qui attira l'attention de toute l'Europe. D'après ce plan, le roi de Prusse rentrait en Bohême; le prince héréditaire de Brunswick marchait sur Wesel, et pour lui donner la main, à son entrée dans les Pays-Bas, les Anglais s'approchaient d'Anvers, qu'à cet effet, ils voulaient prendre. Nous avions environ cent vingt mille hommes de trop dans le bassin de Cassel; nous n'en avions pas quatre mille pour défendre les Pays-Bas, et Wesel était sans garnison.

Le commandement de notre réserve fut retiré au chevalier de Muy, pour le donner au marquis de Castries, que protégeait puissamment le maréchal de Belle-Isle, qui le regardait comme son héritier, depuis la mort funeste du comte de Gisors, son fils. Ce jeune lieutenant-général, doué d'une figure très-agréable, s'était acquis déjà l'estime des militaires, par une probité scrupuleuse, par une valeur franche et noble, et par une application constante à son métier, qu'il entendait bien. Il joignait à ces qualités de grandes richesses. Pourvu de la charge de commissaire-général de la cavalerie, ayant commandé celle qui s'était distinguée à Rosback, il avait alors déployé beaucoup d'énergie et reçu deux blessures. En un mot, il avait fait la guerre avec une rare intelligence et beaucoup d'honneur.

Chargé ensuite de prendre Rhinfelds, petite place appartenant au prince de Hesse, et qui gênait sans cesse nos convois sur le Rhin, la reddition qui lui en fut faite, moitié par force, moitié par négociation, lui valut le brevet de lieutenant-général. Tout récemment encore, à la journée de Warbourg, il avait contribué, par sa valeur, à soutenir l'effort des ennemis et à sauver le reste de l'infanterie. Or, tous ces motifs réunis lui acquirent, en 1760, l'importante et difficile commission que, grâce à son étoile, il remplit avec un succès brillant.

Maintenant, le prince Ferdinand vainqueur n'avait plus aucun ennemi qui inquiétât sa droite; il tenait en échec le maréchal de Broglie, dont le plan était anéanti par le revers qu'il avait éprouvé, et dont l'irrésolution sur la manière de finir la campagne augmentait à chaque instant. Tout lui succédant ainsi au gré de ses vœux, ce prince habile s'empressa de placer un corps de dix-huit mille hommes, sous les ordres de son neveu le prince héréditaire, et lui confia le soin d'aller surprendre Wesel et d'opérer le grand versement de guerre, de gauche à droite, dont j'ai parlé. La flotte anglaise, chargée de quinze mille hommes de débarquement, se porta en même temps, vers les bouches de la Meuse, pour effectuer sa jonction avec le prince héréditaire. Aucun moment de cette guerre ne fut plus intéressant, plus critique, plus dangereux, pour la France et pour l'Autriche. L'armée du maréchal devenait inutile par son éloignement. Il n'y avait pas quatre mille hommes sur le Bas-Rhin, depuis Cologne jusqu'à Nimègue. Le lieutenant-général Piza s'était avancé jusqu'à Ruremonde, avec tout ce qu'il avait pu ramasser de troupes autrichiennes, et ces troupes ne s'élevaient pas au-dessus de trois mille cinq cents hommes, tant recrues que vieux soldats. Les places frontières de la Flandres française n'étaient gardées que par huit ou dix bataillons de milice; huit bataillons seulement occupaient Ostende, Nieuport et Dunkerque.

Telles étaient les circonstances effrayantes, où nous étions placés, quand le prince héréditaire investit la place de Wesel. Cette place est une des mieux fortifiées de l'Allemagne; mais, elle exige, pour sa défense, une garnison nombreuse. Le lieutenant-général suisse, Rodolphe de Castella, qui y commandait, depuis le commencement de la guerre, était réduit à deux bataillons, fort délabrés, du régiment suisse de Réding, et à trois bataillons de milice. Cette faible garnison n'a-

vait pas même ses postes marqués, pour résister à une attaque imprévue; le relâchement
le plus déplorable avait anéanti son énergie;
moins nombreuse que les habitans, qui étaient
très-attachés au roi de Prusse, elle avait à
redouter sans cesse des piéges et des conspi-
rations. Les ouvrages étaient sans palissa-
des, le canon en mauvais état; point de mu-
nitions, point de vivres! L'éloignement des
armées avait étouffé toute précaution, et la
vue du péril produisait la crainte, la confusion et le désordre. C'en était fait de Wesel !
on le prenait d'emblée, si le prince héréditaire
se fût déterminé à l'attaquer brusquement et
par escalade. Heureusement, il s'obstina à
faire un siège en règle. Cette lenteur, si favorable pour nous, rendit le courage aux as-
siégés. L'espoir de quelques secours, la ma-
ladresse des Hanôvriens dans les travaux du
siége, leurs dispositions tranquillement mé-
thodiques en nous attaquant, tout se réunit
pour sauver cette ville et les Pays-Bas.

Ainsi, le prince héréditaire de Brunswick
manqua bien positivement son coup. Après

cette faute, il prit un parti violent : ce fut de
s'élancer au devant de notre armée, et peu
s'en fallut qu'il ne réussît. La nouvelle de sa
marche répandit la consternation à Bruxelles
et à Versailles. Le maréchal de Broglie par-
tagea la terreur générale. N'ayant pas pris la
précaution de laisser un corps de troupes sur
le Rhin, afin de contenir les Hanôvriens, il
prévoyait que s'ils prenaient Wesel et péné-
traient dans les Pays-Bas, la honte retombe-
rait sur lui seul, ainsi que l'indignation publique. Ce fut afin de parer à ce malheur qu'il détacha, pour secourir Wesel, un corps de vingt-
cinq mille hommes, et, qu'au préjudice du
comte de Broglie, son frère, et du chevalier
de Muy, le plus ancien lieutenant-général de
l'armée, il en donna le commandement au
marquis de Castries. Or, ce choix fut un effet
de sa politique autant que de sa confiance :
son but était de se concilier le vieux maréchal de Belle-Isle, ministre de la guerre, et
de lui faire partager l'intérêt et le danger de
l'opération.

Le marquis de Castries conduisit la réserve
qui lui était confiée avec la célérité qu'exi-

geait l'importance du secours. Il fallut qu'il décrivît un long demi-cercle, au milieu des affreuses montagnes des duchés de Westphalie et de Bergh. La trace de son chemin resta marquée par les chevaux morts de lassitude, et les soldats malades ou estropiés, qui ne pouvaient suivre. Enfin, il arriva le 15 octobre au soir sur Meurs (1), avec la première division de ses troupes, qui, jointes à dix bataillons envoyés des côtes de Flandres, montait à environ seize mille hommes. Le marquis de Maupeou conduisait l'arrière-garde à environ deux jours d'intervalle.

Excédés de fatigue après une marche si rapide, n'étant plus qu'à cinq lieues de la ville assiégée, et comptant aller attaquer le lendemain le prince héréditaire, dans son camp de Burick (2), les troupes cédèrent au besoin de prendre du repos, dans une grande plaine, coupée de fossés et de censes, assez

---

(1) *Meurs* ou *Murs*, ville forte de la principauté du même nom dans le cercle de Westphalie. Ce pays est situé entre Cologne, Clèves et Gueldres. Il a environ 14 lieues de tour.

(2) *Burick*, petite ville du duché de Clèves, sur le Rhin, à sept lieues E. de Clèves, 17 N. O. de Cologne.

boisée, et qui s'étend entre Rhinsberg, que nous avions à droite, et l'abbaye de Klor-sterkamp, qui fermait notre gauche. La ville de Meurs, où s'arrêta le quartier-général, était à une lieue et demie derrière le centre. Six pièces de canon seulement, qui avaient fait l'avant-garde, soutenaient notre gau-che. Le reste de l'artillerie et les gros équi-pages étaient encore au-delà de Meurs. Sur le front du camp on voyait le village de Kampen-Bruck, dont les maisons dispersées couvraient les bords de la plaine, le long d'un canal creusé jadis par le prince Eugène, dont il porte le nom, et qui s'étend à qua-tre lieues de Rhinsberg à Gueldres. On entra dans le camp sans avoir fouillé le village, ni reconnu les gués du canal. La lassitude ne peut excuser le défaut de vigilance. On posta Fischer avec sa troupe dans l'abbaye de Klosterkamp, seulement séparée de la ligne par le grand chemin de Gueldres, et le duc de Fronsac, avec les dragons, dans Rhins-berg, qui appuyait la droite de la ligne.

Le camp du prince héréditaire, près de

Alpen (1), occupait les hauteurs qui dominent la plaine entre Wesel et Gueldres. Comptant sur notre lassitude et sur le défaut de précautions qu'alors on pouvait reprocher presque toujours à nos armées, il s'était caché derrière un petit rideau, qui n'est qu'à un quart de lieue du canal Eugène. De là, vers les deux heures après minuit, il vient tout-à-coup masquer Rhinsberg, avec huit mille hommes; lui-même il conduit sa droite, marche sur nous en bataille, et pénètre dans notre camp par le grand chemin de Gueldres et le centre du village de Kampbruck, qui laisse un grand clair où l'on peut passer un escadron de front, et en face duquel est un des gués du canal Eugène.

Ses dispositions étaient parfaitement prises, mais, le flegme allemand et la bouillante bravoure française dérangent tout. Au lieu d'avancer, en silence et rapidement, pour enceindre le camp français et nous prendre en flanc et par derrière, la tête de la colonne

---

(1) *Alpen* ou *Alphen*, petite ville de l'électorat de Cologne, à 3 lieues S. O. de Wesel que l'on croit être l'ancienne *Albina Castra*.

hanôvrienne de droite s'amuse à tirailler contre
la troupe de Fischer qu'elle veut forcer dans
l'abbaye. Cette seconde faute donne le temps
à nos troupes , notamment au brave régiment
d'Auvergne , qui ferme la gauche , de prendre
les armes et de se porter sur le bord du grand
chemin , afin de retarder la marche de cette
redoutable colonne. Ce retardement décide
le gain de l'affaire : quoiqu'en désordre et
sans généraux, les Français se battent si obs-
tinément , que le jour se lève avant que les
ennemis puissent forcer la résistance qu'on
leur oppose.

Alors , accourt du quartier-général le marquis de Castries. Bientôt il rétablit un peu
d'ordre , la fortune se déclare en notre faveur,
la colonne de droite des ennemis se replie le
long du canal pour appuyer l'attaque du centre
et occupe le village en entier , le long de notre
front. Le devoir nous prescrit de l'en délo-
ger , nous y parvenons , mais ce n'est qu'après
un combat acharné et sanglant, qui a duré
jusqu'à cinq heures du soir, et au succès duquel nous avons éminemment contribué le
chevalier d'Erigny et moi. Le prince hérédi-

taire fait sa retraite alors sur son camp de Burick, sans être inquiété, mais nous lui avons fait perdre environ six mille hommes, sur quatorze mille qu'il avait amenés avec lui, et notre perte est de près de trois mille. Le grand projet des alliés se trouve ainsi manqué. Très-contrarié, le prince repasse précipitamment le Rhin, lève le siège de Wesel et se replie sur Munster.

Cette vive et sanglante bataille de Klorsterkamp était décisive pour la France, elle couvrit le marquis de Castries d'un honneur infini, et lui acquit, sans mesure, les grâces de la cour.

Il est constaté néanmoins, qu'il s'était laissé surprendre par le prince héréditaire, et que, sans la lenteur allemande, la défense obstinée de Fischer, la valeur intrépide, que fit éclater le régiment d'Auvergne, commandé par le comte de Rochambeau, lieutenant-général, inspecteur et beau-frère du maréchal de Broglie, nous aurions essuyé une déroute complète. Mais l'impartialité prescrit aussi de dire que, depuis sept heures du matin, jusqu'à cinq heures du soir que l'on cessa de combattre, ce fut la conduite du marquis de Castries qui décida le succès. Cette victoire augmenta la confiance des troupes et l'intérêt que l'on prenait à ce jeune et heureux général.

Quant à ce qui me concerne, le compte avantageux qui fut rendu de ma conduite à la cour, me mérita la croix de Saint-Louis et le grade de maréchal-de-camp; le chevalier d'Érigny, qui avait déjà la croix, fut nommé brigadier des armées du roi.

CHAPITRE XLII.

Le chevalier d'Assas. — Sa mort glorieuse. — Son dévouement en amour et en amitié, égal à celui qui l'animait
pour son roi et pour sa patrie. — La faiblesse aussi nuisible que la méchanceté.

Au moment où le régiment d'Auvergne
accourut, dans l'intention d'arrêter la marche
de l'ennemi, le chevalier d'Assas, capitaine
dans ce régiment, présumant qu'un détachement de Hanôvriens avait dû se cacher dans
un bois voisin du grand chemin, osa y entrer seul, afin de réparer l'inexcusable im-
prévoyance que l'on avait eue de ne pas fouil-
ler ce bois. A peine a-t-il fait quelques pas,
que la nécessité de la précaution qu'on a négligé de prendre lui est démontrée. Un détachement ennemi l'environne, lui met la bayonnette sur la poitrine, et le menace de le tuer
sur la place s'il profère un mot. Mais nouveau
Curtius, n'écoutant que son patriotisme et sa

bravoure, d'Assas se dévoue à une mort certaine. *Auvergne, s'écrie-t-il, Auvergne, faites
feu, ce sont les ennemis !* et soudain percé de
coups, il tombe et meurt, joyeux d'avoir contribué à sauver son régiment et l'armée.

Tous les arts ont concouru à retracer ce
trait sublime de dévouement. Depuis, pour en
consacrer la mémoire, Louis XVI créa dans
la famille de ce héros, à perpétuité, une pension héréditaire jusqu'à l'extinction des mâ-
les, et l'on vient de lui ériger une statue en
bronze.

Se dévouer pour tout ce qui est beau, grand,
vertueux, utile, pour le malheur, l'amitié,
l'amour, semblait être le principe et le mobile
de toute l'existence du chevalier d'Assas, et
toujours il fut la victime de ce magnanime
penchant. D'un extérieur noble et agréable,
sans être séduisant, il portait un cœur doué
d'une sensibilité profonde, qui se manifestait
par ses actions, plutôt que par des paroles.
Constant dans ses affections, son caractère
était égal et ferme, son esprit élevé, solide,
sa bravoure toute française, à la Duguesclin,
à la Bayard. Cependant une extrême défiance

de lui-même, une invincible timidité s'opposaient à ce qu'il obtînt des succès de société ; dans le monde il n'excitait qu'une faible attention. Mais, il reprenait une mâle assurance quand il s'agissait de réaliser une pensée généreuse, de faire une action bienfaisante, un sacrifice héroïque. Enfin, les personnes avec lesquelles il avait des relations d'intimité, découvraient tous les jours en lui de nouvelles vertus et de nouvelles preuves d'un mérite éminent.

Dès l'âge le plus tendre, il s'était lié d'une étroite amitié avec le vicomte de Murval. Ce jeune homme avait l'esprit vif et pénétrant, de l'instruction, et toutes les apparences qui indiquent un cœur très-sensible. Un regard, un seul mot l'attendrissaient jusqu'aux larmes. Mais, un bon observateur, qui n'aurait pas été aveuglé, comme le chevalier d'Assas, par son attachement pour lui, se serait aperçu que la sensibilité si expansive que Murval faisait paraître, se reportait toute sur lui-même, qu'il s'aimait beaucoup, et que si des objets, étrangers à son propre individu, lui causaient de visibles émotions, c'était parce qu'il était

trop faible pour résister à une impression mo
mentanée qui ne laissait jamais de traces.

Lorsqu'il eut atteint sa dix-huitième année,
le vicomte, d'une figure aussi noble que gracieuse, fréquenta le monde où il ne pouvait
manquer d'être remarqué. De belles dents, des
yeux d'azur, où se peignait le sentiment, des
cheveux d'un blond cendré, ornaient une tête
séduisante. Murval avait la taille la mieux
prise, une jambe moulée, et ces avantages
physiques étaient relevés par une aisance élé-
gante dans les manières. Mais une douceur,
ou plutôt une mollesse efféminée, se répandait sur sa physionomie.

Il excellait dans les exercices du corps et
dans plusieurs arts d'agrément : dansant
comme Vestris, il eût fait assaut d'armes avec
Saint-Georges et défié Jarnowick sur le violon.
Dans les cercles il intéressait, on aimait à
l'entendre, l'accent de sa voix flattait l'oreille;
les femmes s'enivraient du charme de ses
discours, les hommes voulaient être ses amis.

Quand on se présente sous de pareils dehors on prévient facilement les autres en sa
faveur; on rencontre peu d'épines sur le che-

min de la vie ; il ne faut que se montrer, parler, et l'on plaît et l'on réussit, les recommandations, les protections ne manquent pas. Mais hélas ! on dirait qu'il est de règle universelle que de si brillantes qualités ne doivent exister qu'aux dépens du cœur, ou qu'elles contribuent à le gâter. Le vicomte de Murval en fut un exemple frappant.

L'impression habituelle qu'il faisait, les louanges qui lui étaient prodiguées, l'accoutumèrent à penser qu'il valait mieux que les autres hommes. Bientôt il sut connaître leur faible : il sentit que les éblouir, donner des secousses à leur âme, caresser leur amour-propre, leur vanité, étaient des moyens assurés d'en tirer parti. Dès-lors Murval ne fut plus qu'un charlatan : il s'étudia à bien dire, plutôt qu'à bien faire. Comme il pleurait aisément, les larmes furent des auxiliaires qu'il excellait à placer à propos : avec une éloquence persuasive, il exprimait, quand il croyait en avoir besoin, l'abandon de l'amour, la chaleur de l'amitié, les pures délices de la bienfaisance. Alors, souvent la disposition de ses organes et de son imagination produisait un effet qui

ressemblait à la véritable sensibilité; affecté
par l'intérêt du sujet qu'il traitait, ses nerfs
irritables s'ébranlaient, et il en résultait une
vive exaltation de cerveau : par faiblesse il
s'attendrissait réellement, mais tout le mérite de ces sensations passagères se bornait à
lui faire trouver des expressions plus pitto-
resques et plus sentimentales.

Murval tourna la tête à plusieurs femmes.
Il jurait de bonne foi à chacune d'elles, en
recevant l'aveu de son amour, une éternelle
constance; mais, le lendemain oubliant ses
sermens, il les répétait à une autre belle;
et bientôt après la trompait également, tout
en se trompant lui-même.

Tel était l'homme que le vertueux chevalier
d'Assas honorait du titre de son ami. L'attachement que lui avait inspiré Murval le mettait, en quelque sorte, dans la dépendance de
ce dangereux séducteur. Pendant leur première jeunesse ils avaient été inséparables.
Mêmes plaisirs, mêmes chagrins, mêmes occupations. Les applaudissemens donnés à
Murval étaient des jouissances pour d'Assas.
Témoin des succès de son ami, ne pouvant

contenir les mouvemens de sa joie, il le serrait dans ses bras et lui prodiguait des caresses pleines de franchise. Murval y répondait de l'air le plus touché, le plus reconnaissant, et paraissait ne mettre du prix à son triomphe, que par la satisfaction que son cher d'Assas en ressentait.

Pendant qu'ils faisaient leurs études, quand Murval commettait quelque faute, d'Assas prenait toujours sa défense. Plusieurs fois, lorsque Murval s'était rendu coupable, on vit d'Assas s'accuser lui-même et subir les punitions que son ami avait méritées. Murval le remerciait ensuite en versant des larmes d'admiration; mais il n'en avait pas moins eu l'indigne et lâche faiblesse de souffrir qu'on lui infligeât à sa place, un sévère châtiment, et de ne pas s'opposer à l'héroïsme de son amitié en déclarant la vérité. Il serait superflu d'ajouter que jamais il ne se sentit le courage de faire preuve pour d'Assas, d'un pareil dévouement.

Arrivé à l'âge où les passions commencent à faire explosion, où le besoin de verser notre âme dans une autre âme nous agite, le che-

valier sentit à la vue de mademoiselle de Clainville, qu'il serait le plus heureux des hommes
s'il pouvait se faire aimer d'elle. Après avoir
hésité long-temps, il surmonta sa timidité et
osa faire l'aveu de son amour. Si on ne lui
répondit pas avec la chaleur de tendresse qu'il
avait mise dans sa déclaration, on lui manifesta une profonde estime et l'on agréa ses
soins. Tous les jours il voyait mademoiselle
de Clainville, et tous les jours elle prenait
sur lui plus d'empire.

Il était naturel qu'il fît confidence de l'é-
tat de son cœur à son cher Murval. Les couleurs sous lesquelles il peint celle qu'il adore
et que son ami ne connaît pas, aiguillonnent
la curiosité du vicomte : la demande qu'il fait
d'être présenté à mademoiselle de Clainville
est accueillie avec des transports de joie par le
chevalier, persuadé que Murval va devenir
son avocat le plus zélé près de son amante et
de sa mère. La présentation a donc lieu dès
le lendemain. La figure, les manières agréables de Murval, les traits d'esprit et de sen
timent, dont il sème la conversation, plaisent
beaucoup à ces dames. Mademoiselle de Clain-

ville en ressent une impression beaucoup trop
vive, hélas ! pour le repos du chevalier.

Le vicomte de Murval, de son côté, est devenu subitement amoureux de cette demoiselle. Contrarié d'une découverte si peu pré-
vue, il se rappelle la confiance noble et
délicate que son ami lui a marquée. « *Je serais un monstre, se dit-il, si je la trahissais !*
Aussitôt, il prend la résolution de ne plus voir
mademoiselle de Clainville. Mais, il faut de
l'énergie pour persister dans de pareilles ré-
solutions ! Celle-ci n'a que la durée d'un
éclair, presque aussitôt le naturel de Murval
l'entraîne, il en suit lâchement la pente, et
son ami est oublié. Le lendemain, sa première pensée est de retourner près de mademoiselle de Clainville. Cette seconde visite
achève la défaite de l'un et de l'autre, les discours du vicomte annoncent tant de sensibilité, une si belle âme, que son triomphe sur
le cœur qu'il a charmé est complet. A peine
un mois s'est écoulé qu'un tendre aveu a
comblé ses désirs les plus ardens.

Cependant, le chevalier d'Assas, fait la remarque inquiétante, que les visites de Mur-

val à mademoiselle de Clainville, sont bien assidues et bien longues; certains regards, certains signes d'intelligence, lui ont même paru assez singuliers. Il ne soupçonne pas encore l'avocat, qu'il s'est choisi près de son amante, d'abandonner les intérêts de son client pour plaider sa propre cause; mais, il n'est pas tranquille, son esprit est assailli de noirs pressentimens.

Un jour, celui même où les deux coupables viennent de se dévoiler l'un à l'autre, le secret de leurs cœurs, au moment où ils sont encore sous le charme des mutuels épanchemens d'une aveugle erreur, d'Assas paraît; son aspect les jette dans un embarras accusateur. Mademoiselle de Clainville rougit et pâlit tour à tour. Murval tremble, balbutie, déraisonne, puis, prétextant gauchement une affaire, il sort avec la rapidité d'un criminel qui fuit les poursuites de la justice.

Contrariée de son départ, et se voyant seule sous l'œil pénétrant du chevalier, mademoiselle de Clainville est distraite, prononce quelques mots à mi-voix et sans suite, se confond en politesses outrées. Si d'Assas parle de

Murval, elle vante, avec chaleur, son mérite ;
puis, s'apercevant qu'elle se trahit, elle se tait,
et n'ose plus lever les yeux.

D'Assas découvre alors toute l'étendue de
son malheur ; il soupire, porte douloureusement ses regards, sur mademoiselle de Clainville, fait l'éloge de son ami ; puis, accablé
par le torrent des sensations diverses qui l'op-
pressent, il s'éloigne désespéré.

Rentré chez lui, dans quel abîme de réflexions déchirantes flottent ses esprits ! Que
de combats pénibles dans son âme !

— « J'ai tout perdu, répète-t-il !... tout !...
La perspective de l'avenir me semblait si
riante ! Je me créais un monde nouveau, em-
belli par l'amitié, par l'amour ! Je ne pressen-
tais que de pures et nobles jouissances !.....
Une femme adorée semblait me promettre un
échange céleste de tendresse, un ami véritable était pour moi le plus inappréciable des
biens.... Et c'est à ces deux êtres si chers
que je devrai toutes mes peines !... Il ne faut
plus m'attendre qu'à de tristes regrets, qu'à
des tourmens intérieurs, sans mesure et sans
autre terme que la mort !.. Que dis-je ? n'est-
ce pas moi qui me suis attiré le sort funeste

dont je me plains? N'étant pas encore assuré de plaire à mademoiselle de Clainville, pourquoi lui présenter Murval, l'être le plus aimable, le plus parfait? Étais-je donc assez aveugle, pour présumer qu'elle verrait avec indifférence les brillantes qualités qui le distinguent, et qu'elle me préférerait à lui?... Ah! jai fait une faute irréparable!... De son côté, Murval, je n'en suis à présent que trop convaincu! n'a pas eu la force de résister à la puissance attrayante de la beauté, des grâces et de la voix touchante de mademoiselle de Clainville! Pourrait-il ne pas l'aimer, lui, si bon appréciateur du vrai mérite, lui, dont la sensibilité est si parfaite?...Mais, en songeant aux peines qu'il prépare à son ami, combien l'amour et l'honneur, en opposition dans son âme, doivent le faire souffrir!... O mon cher Murval! je n'aurai pas à me reprocher d'avoir empoisonné ta vie : c'est à toi d'être heureux; tu en es si digne!... Seul, je souffrirai; mais, le baume des consolations calmera mes douleurs, si je te rends le repos.... Hâtons-nous! hâtons-nous d'aller mettre fin à la profonde affliction à laquelle je sens qu'il est en proie, et surtout, cachons-lui combien il m'en coûte!...... Mais, serai-je assez maître de moi, pour consommer un si grand sacrifice?... Homme pusillanime! il s'agit de sauver ton ami, et tu balancerais!... Vole donc près de lui, tous les instans que tu perds, sans calmer ses mortelles agitations, sont des crimes envers l'amitié!... »

Et d'Assas court soudain chez le vicomte de Murval. Il le trouve rêveur, abattu, et pâlissant à son aspect.

— « Mon ami, mon cher Murval! s'écrie-t-il, en se précipitant dans ses bras, j'ai lu dans ton cœur; j'ai lu dans le cœur de celle... qui t'aime!... Sois heureux! sois heureux!... C'est ton ami qui te l'ordonne.... »

Étonné de la sublimité de ce dévouement d'une grande âme, Murval reste dans l'impuissance de répondre. Il se sent humilié de se reconnaître si inférieur au chevalier. Cependant, il fait un effort, dans l'intention de se montrer généreux à son tour.

— « Mon cher d'Assas, dit-il, non, je n'aurai pas la noire ingratitude, je ne commettrai point l'insigne lâcheté d'abuser de ta magnanime et confiante amitié ! Si j'avais le cruel égoïsme de me livrer à un sentiment, qui peut-être te coûterait la vie, toutes les douceurs de l'amour se changeraient pour moi en affreux poisons. Je me dirais : *D'Assas est malheureux, et moi, dont le devoir était de contribuer à sa félicité, je lui ai plongé le poignard dans le sein !* Jamais je ne consentirai à me préparer de si graves sujets de remords... Je ne reverrai plus mademoiselle de Clainville, puisque j'ai été assez faible pour ne pas me tenir en garde contre le pouvoir de ses charmes. »

Et des larmes abondantes coulent de ses yeux.

— « Mais, cruel ami, reprend avec feu le chevalier d'Assas, veux-tu faire trois malheureux ?... Elle t'aime, elle t'aime ! crois-en les yeux éclairés de l'amour... Notre devoir nous perscrit de faire son bonheur... Ne me résiste plus.... c'est moi, qui la fuirai.... Par tout ce que l'amitié a de sacré, je te conjure de ne pas ajouter aux peines que j'éprouve, celles d'un objet qui nous est si cher.»

Enfin, le vicomte de Murval, cédant aux ins-

tances du chevalier, fut assez dépourvu d'é-
lévation d'âme pour consentir à établir sa
félicité sur le malheur de son noble ami.
Dès le jour même, il revit mademoiselle de
Clainville, et lui annonça, de manière à pi-
quer son amour-propre, que d'Assas avait
renoncé à l'espoir d'obtenir sa main, sans en
paraître affecté.

Sans en paraître affecté !.. Cette imposture
fut victorieusement démentie par les événemens. Une douloureuse mélancolie résulta de
l'admirable abnégation de lui-même, qu'avait
faite le généreux chevalier ; les orages intérieurs qui le tourmentaient, ne tardèrent pas à
occasioner une maladie, qui le conduisit aux
portes du tombeau ; pendant plusieurs jours,
la mort plana sur sa tête. Alors, trop occupé
de sa passion, Murval le négligeait : loin de
lui prodiguer les soins et les encouragemens
de l'amitié, il ne venait le voir que rarement,
et ne restait près de lui, que quatre à cinq
minutes. A l'entendre pourtant, il ne s'occupait que de son cher d'Assas ; il n'en parlait
qu'en le plaignant, qu'en gémissant du pénible état où il le voyait réduit, et qu'en

répétant qu'il verserait jusqu'à la dernière goutte de son sang, pour lui rendre la santé et le repos.

D'Assas excusait l'abandon où le laissait son indigne ami ; il l'attribuait aux soins qu'exigeaient les préliminaires de son union avec mademoiselle de Clainville, et jamais il ne lui fit un seul reproche. Enfin, après avoir langui pendant plusieurs mois, la force de sa constitution reprit le dessus, et sa santé se rétablit. Cependant, cet homme, en qui l'héroïsme de la vertu perfectionnait la sensibilité, conserva toujours un air de tristesse et d'abattement, qui annonçait que le calme ne rentrait point dans son âme. Murval fit éclater la joie la plus démonstrative du rétablissement de d'Assas, et d'Assas, qui l'aimait trop, n'en suspecta point la sincérité.

Mais, revenons à mademoiselle de Clainville. Son amour aveugle pour Murval était sans bornes. Elle l'avait bien prouvé, en sacrifiant, à ce brillant vicomte, un amant tel que le chevalier, et en causant presque sa mort. Eh bien ! ce Murval, qui avait tant de reproches à se faire, à qui l'honneur, autant

que les sentimens passionnés dont il avait
fait parade, devaient imposer la loi d'être constant, et de considérer les engagemens qu'il
avait pris comme sacrés; ce Murval, ne crai-
gnit pas de vouer au désespoir celle qui l'a-
vait préféré au plus loyal, au plus généreux
des hommes. Au moment où l'on faisait les
préparatifs de leur mariage, il vit la comtesse
de Verseuil, femme qui commençait à n'être
plus jeune; mais, coquette, légère, galante,
intrigante, et harcelée par de nombreux créan-
ciers. Cette femme lui tourna la tête, et, malgré les représentations de sa famille et de ses
amis, il l'épousa.

A cette nouvelle, mademoiselle de Clainville sentit amèrement l'étendue de l'erreur
à laquelle elle s'était livrée. Bientôt elle fut
saisie d'une fièvre brûlante, accompagnée
d'accès de délire. Pendant un de ses momens
lucides, elle fit inviter le chevalier d'Assas à
se rendre près d'elle. Il savait que le coup le
plus terrible qui pût lui être porté, était de revoir celle qu'il avait tant aimée, qu'il aimait
encore, et surtout, de la revoir au comble de
toutes les douleurs; mais, mademoiselle de

Clainville était si digne d'intérêt et de compassion! Il se fit donc un devoir d'être plus fidèle que jamais à son principe fondamental, de s'oublier toujours pour les autres, et regarda comme un ordre auquel il était tenu d'obéir, l'invitation qui venait de lui être faite.

Lorsque l'état désespéré de la malade frappa ses regards, il eut besoin de toute l'énergie dont il était doué pour ne pas succomber à une mortelle défaillance.

— « J'avais la certitude, lui dit mademoiselle de Clainville, d'une voix presque éteinte, que, malgré l'aveuglement qui m'a empêchée de lui rendre justice, le généreux chevalier d'Assas ne me refuserait pas la dernière consolation dont j'ai besoin : cette consolation, c'est de recevoir de votre bouche, l'assurance que vous ne conservez, contre moi, aucun ressentiment, et que vous me pardonnez d'avoir eu le malheur de ne pas apprécier tout ce que vous valez.

— » Que je vous pardonne, s'écrie le chevalier, que je vous pardonne! Ah! croyez que, dès ce moment, le passé est oublié!....

Vivez pour être chérie et honorée de tous ceux qui vous connaissent! Vivez, et reprenez sur mon cœur, des droits que vous n'avez jamais perdus.

—» Je ne dois plus y songer, répond la malade! La mort est dans mon sein, mais la pensée que je n'emporterai en mourant, ni la haine ni le mépris de l'homme que j'estime le plus, adoucit mes derniers momens. Que n'ai-je plutôt senti combien vous êtes digne d'amitié, d'amour et d'admiration!... »

Ici d'Assas veut l'interrompre.

— « Laissez-moi finir, poursuit-elle, je n'ai plus de momens à perdre... Si le flambeau de ma vie se rallumait, ce qui est impossible, sans un miracle, cette vie vous serait consacrée; je mettrais ma félicité et ma gloire à réparer mes torts et à mériter les droits que votre grandeur d'âme et votre excellent cœur ont daigné me conserver. Mais, je le répète, il ne faut plus y penser!... C'est au ciel, noble d'Assas, que nous devons nous unir... Je vais vous y attendre... bientôt nous nous y reverrons... oui... bientôt! car la terre ne possède pas long-temps les cœurs héroï-

ques...leur dévouement à la patrie, à la gloire,
à l'humanité, abrège leur carrière. »

Elle ne peut achever; un soupir s'échappe
de sa poitrine, ce soupir est le dernier; elle
a vécu !...

Il me serait impossible de décrire l'affliction dans laquelle la mort de cette victime
intéressante d'une déplorable passion, plon-
gea le chevalier. Son amour pour elle s'était
réveillé tout entier. Le morne silence, avec
lequel il contemplait les restes inanimés de
celle qui avait été l'objet de cet amour, était
souvent interrompu par de sourds gémissemens qui sortaient péniblement du fond de sa
poitrine.

Enfin, sa figure semble s'animer d'une ins-
piration divine; une flamme étincelante s'é-
lance de ses yeux; transporté d'un saint enthousiasme, il étend ses mains sur la dé-
pouille mortelle qui est devant lui.

— *«Bientôt nous nous reverrons au ciel! »*
s'écrie-t-il avec une chaleur majestueuse. « Ces
paroles prophétiques sont les dernières qui
soient sorties de ta bouche... J'accepte l'espérance qu'elles me donnent. Cependant,

16

pour être admis dans la céleste patrie, destinée à la vertu, dans cette patrie où je te
retrouverai, je n'aurai point la lâcheté d'at-
tenter à mes jours; mais je te jure de ne jamais balancer à affronter la mort, toutes les
fois qu'en m'exposant à la recevoir, je pourrai
servir mon Dieu, mon roi, mon pays, ou le
plus humbles de mes semblables. Oui, tant
qu'il me restera un souffle de vie, un dévouement sans limite, sera ma religion, ma loi
suprême et ma seule jouissance. C'est ainsi
que je veux mériter de te revoir. »

Alors il se tait, et les yeux mouillés de
pleurs, il contemple de nouveau le visage
décoloré de l'infortunée qui n'est plus, coupe
une boucle de ses cheveux, l'attache sur sa
poitrine et sort.

Peu de jours après, d'Assas eut à regretter
aussi la mère de mademoiselle de Clainville.
Elle ne tenait à ce bas monde que par l'existence de sa fille, elle ne put donc lui survivre.

Tels furent les funestes effets de la faiblesse
de caractère du vicomte de Murval. Lorsque
la faiblesse devient si nuisible, n'est-elle pas
aussi odieuse que la méchanceté? Mais croira-

t-on que ce Murval ait osé se présenter encore devant le chevalier d'Assas? C'est pourtant ce qu'il fit, et cela, avec autant d'aisance que si rien n'eût été plus naturel. Il
venait, disait-il, partager les chagrins de son
ami et le consoler.

— « Éloignez-vous de moi, monsieur, éloignez-vous de moi! lui dit le chevalier dès
qu'il l'aperçut, votre présence me fait horreur... J'abjure à jamais l'amitié que je vous
portais, et dont, pour mon malheur, je vous
ai donné trop de preuves. Vous êtes indigne
de cette amitié! Je ne vois plus en vous qu'un
monstre, et vous mériteriez... Mais non, vivez, puisque vous pouvez vivre encore. Vous
aurez cela de commun avec ces vils insectes
qui, sous des couleurs brillamment nuancées,
cachent un impur venin! »

Murval n'en écouta pas davantage, et sentit qu'il était prudent de se retirer. Levant
les yeux au ciel, en véritable héros drama-
tique, il se réduisit pour toute réponse; à
cette exclamation : *Ingrat ami! tu viens de
me frapper au cœur!* Pourtant il vécut, ainsi
que le lui avait dit le chevalier, il se consola

même sans effort de tout le mal dont il avait été l'auteur, courut encore les chances des succès frivoles, et en obtint quelques-uns. Mais il s'ensuivit le délabrement de sa santé, le vide insupportable de l'âme, les tortures de la conscience, il n'eut plus d'amis, finit par être méprisé généralement, et pour mettre le comble à ses ennuis, les prodigalités et les galanteries effrénées de sa femme le ruinèrent et consommèrent son déshonneur.

Quant au noble d'Assas, il fut religieusement fidèle au serment qu'il avait fait aux mânes de mademoiselle de Clainville. Sa mort glorieuse à Klosterskamp en est une preuve mémorable à jamais.

Le chevalier d'Érigny, qui était son ami, me l'avait fait connaître, et notre liaison avait pris le caractère de l'intimité.

Nous représentâmes au marquis de Castries que, mettre une grande solennité à rendre les derniers honneurs à un guerrier qui avait péri si glorieusement, était un devoir que la reconnaissance imposait, et qu'en s'acquittant de ce devoir, on communiquerait à l'armée un enthousiasme patriotique,

dont l'effet serait d'inspirer des actes de valeur et de dévouement, dignes d'honorer le
nom français. Le marquis nous comprit.
Toutes les troupes, en grand appareil, assis-
tèrent aux funérailles du chevalier d'Assas.
D'une voix forte et sonore qui fut entendue
dans tous les rangs, le chevalier d'Erigny
prononça l'éloge funèbre du jeune héros, et
son éloquence, à la fois religieuse et guer-
rière, électrisa tous les cœurs.

Mais nous approchons du terme de la campagne de 1760. Comment le maréchal de
Broglie va-t-il s'en tirer? Hélas! il continuera
de marcher de faute en faute, soit de son gré,
soit par ordre de la cour. D'abord il reprend
ses quartiers sur le Mein, mais il garde Cassel, et commande les plus maladroites dispositions de défense. Il s'en suit que le prince
Ferdinand exécute une irruption sur nos quartiers, assiège Cassel et brûle tous nos magasins. Mais heureusement pour nous, il se
retire trop tard et avec une perte considé
rable. On fait encore passer cette retraite
pour un grand coup d'habileté, et les talens
du maréchal sont de nouveau préconisés. Ce

succès n'est dû cependant qu'à un changement de saison. Le prince Ferdinand comptait sur les gelées périodiques qui règnent en Westphalie dans certains mois de l'hiver, et qui durent de vingt-cinq à quarante jours. Elles lui donneraient le temps d'amener sa grosse artillerie devant Cassel, et de le prendre. Mais le dégel arrive trop tôt, le prince est obligé de se retirer en grande hâte, et, vivement poursuivi, par M. de Clausen, il perd un assez grand nombre de soldats. Nous n'en avons pas moins sujet de pleurer sur nos succès, puisque tous nos magasins sont brûlés ! Comment ferons-nous la campagne prochaine ?

Celle-ci ayant été ainsi manquée par le maréchal de Broglie, la cour exprima contre lui beaucoup de mécontentement. Le prince de Soubise se remit sur les rangs, malgré ses bévues, ses disgrâces précédentes, et la faveur du roi le ramena à la tête de l'armée. Nous verrons bientôt comment il s'y conduisit.

Cette campagne de 1760 prouva que M. de Broglie n'était doué que d'une faible partie des qualités nécessaires pour le commandement en chef d'une armée, et qu'il avait dans l'humeur et dans le caractère des défauts d'une influence nuisible. Il est juste, d'un autre côté, d'avouer qu'il connaissait mieux son métier que ses prédécesseurs et que ceux qui lui ont succédé. Mais il était loin de mériter d'être classé parmi les grands hommes, ainsi qu'on s'était avisé de le faire. Il n'a dû cet honneur, fort légèrement octroyé, qu'aux circonstances, qu'à l'avantage d'avoir été moins complètement battu que les autres, et d'avoir fait des fautes moins éclatantes et moins nombreuses. Il a même eu droit de tirer vanité de plusieurs succès brillans, tels que ceux de Lutzelberg, de Sunderhausen, de Berghem et de Corback. Un éloge que surtout on lui doit, c'est d'avoir été le seul général en chef de cette époque, sous lequel les troupes aient exactement suivi les règles de la discipline et du bon ordre.

CHAPITRE XLIII.

Rivalité entre deux généraux pour le commandement. —
Orgueilleuse imprudence d'un maréchal de France. —
— Les marquis Dumesnil et de Voyer. — Action indigne
que deux conseillers perfides font commettre à un prince.
— Bataille de Fillingshausen. — Situation déplorable de
l'armée française. — L'abbé Rigobert dans la mêlée.

Voici donc le prince de Soubise placé de
nouveau à la tête de l'armée française, et de
plus, on a mis sous ses ordres ce même général, ce maréchal de Broglie qui l'avait
précédemment emporté sur lui; mais dont
l'auréole a beaucoup pâli dès qu'on l'a vu
agir seul. Il faudrait que le caractère de ces
deux chefs fût bien changé pour qu'une bonne
intelligence pût régner entre eux. Le bien du
service, l'amour de la patrie ne sont point
assez puissans sur les âmes dominées par l'orgueil et par l'ambition, pour opérer de tels
changemens. Dès les premiers jours, en effet,
nous vîmes éclater une jalousie dont on ne

devait augurer que de funestes résultats. Obligé de faire la jonction de son armée avec celle de M. de Soubise, M. de Broglie ne l'exécuta que de mauvaise grâce et n'arriva que le plus tard qu'il put.

Des plans nouveaux, motivés par les mauvais succès de la campagne de 1760, et par le changement de généraux, avaient été substitués aux anciens : on avait reconnu le danger de nous lancer dans la Hesse et sur le haut Weser, avant que nous fussions maîtres des évêchés, de Lipstadt (1) et de la Westphalie. Mais on n'avait pas songé à découvrir par quelle voie tous nos projets étaient révélés au prince Ferdinand, aussitôt qu'ils avaient été adoptés. Il se trouva donc alors que ce prince était aussi bien informé que notre général de toutes les dispositions prescrites par le cabinet de Versailles. En conséquence il s'établit au point intermédiaire de Ham (2) ; de là, il appuyait par sa droite le pays de

____

(1) *Lipstadt*, ville forte d'Allemagne, capitale du comté de la Lippe, située dans des marais malsains, entre Paderbon, et Soest sur la Lippe.

(2) *Ham*, ville capitale du comté de la Marck, sur la Lippe, à 9 lieues S. E. de Munster.

Munster, et couvrait Lipstadt, devenue sa place d'armes. Posté dans le camp de Fillingshausen, avec quatre-vingt mille hommes, il usait de la tactique qui lui avait réussi dans les campagnes précédentes : celle de nous barrer le chemin et de nous faire perdre notre temps et consommer nos magasins. Non loin de lui, le prince héréditaire, à la tête de quinze à vingt mille hommes, observait attentivement l'armée de Broglie.

Le prince de Soubise avait rassemblé, sur le Bas-Rhin, une armée de cent-dix mille hommes; il la fit déboucher sur la Lippe, par Wesel, et le camp d'Unna (1) fut le lieu qu'il désigna pour que M. de Broglie se réunît à lui avec les quarante-cinq mille hommes qu'il commandait. Mais il fit exécuter ensuite à la grande armée une marche si maladroite, qu'il s'en fallut peu que le prince Ferdinand ne le mît hors d'état de continuer la campagne, en le tournant par sa gauche et l'atta-

____

(1) *Unna*, petite ville d'Allemagne dans le cercle de la Westphalie, au comté de la Marck. Elle a été anséatique; mais elle appartient au roi de Prusse; elle est sur une petite rivière à 5 lieues N. E. de Dortmund, et 4 lieues S. O. de Ham.

quant par ses derrières. Heureusement la jonction des deux armées s'opéra assez à temps pour faire cesser un danger que l'on considérait déjà comme très-alarmant. Les ennemis, resserrés alors, s'enfermèrent dans leur camp retranché.

De leur côté, les généraux français firent leurs dispositions, donnèrent les ordres nécessaires, convinrent des signaux mutuels pour une attaque combinée, et fixèrent le jour de cette attaque, au 17 juin 1761.

La stricte observation d'une convention de cette nature avait si exclusivement pour principe la fidélité que l'on doit au roi, la conservation de l'armée et l'intérêt national, que l'une des deux parties ne pouvait l'enfreindre, sans qu'on eût le droit de l'accuser de forfaiture à l'honneur et de trahison. Il est probable, que l'humeur jalouse du maréchal de Broglie, embrouillait ses idées, au point d'effacer de son esprit cette considération, car, de retour dans son camp, il ne songea plus qu'aux moyens d'obtenir, à lui seul, la gloire de battre ou de chasser les ennemis.

Pour atténuer sa faute (je serais tenté de

dire son crime) on fit valoir l'extrême confiance que lui manifestaient les quarante-
cinq mille hommes qu'il commandait, confiance qui formait un contraste frappant avec
la consternation des cent dix mille soldats de
l'armée de Soubise. Mais, une telle excuse
était inadmissible.

Quoi qu'il en soit, il est de fait, que M. de
Broglie résolut de devancer d'un jour l'exécution des dispositions convenues, et d'attaquer le 16 juin, au matin, le village de Fillingshausen, sous prétexte qu'il devait préli-
minairement s'emparer de quelques censes,
afin d'assurer sa position pour le lendemain 17.

Le comte de Bélancour, et d'autres officiers-généraux, s'efforcèrent, par des représentations respectueuses, de détourner M. le
maréchal d'une résolution dont ils redou-
taient les suites, et suivant son usage, M. le
maréchal n'en tint aucun compte. Il attaqua
donc ; mais, il engagea le combat, avec une
si aveugle persuasion de son infaillibilité, et
si chaudement, que nous éprouvâmes de très-
sérieux échecs. Dans cette affaire, les Alle-

mands se montrèrent aussi fins que prudens :
après avoir décoré du beau nom de *poste d'honneur*, celui qui était le plus dangereux, ils y
placèrent, avec de grandes marques de défé-
rence, les Anglais, et ce fut surtout contre
eux, que nous eûmes à lutter.

Mon bon abbé Rigobert, toujours perché
sur son long, maigre, sec et robuste cheval,
ayant en bandoulière, sa grosse boîte d'on-
guent, de cordiaux et de saintes huiles, continuait à être partout où il y avait des êtres
souffrans à soulager, et le ciel paraissait avoir
décidé, que les balles des ennemis continue-
raient à siffler autour de lui, sans toucher à
sa personne. Cependant, malgré les soins
pieux et bienfaisans qu'il prodiguait de tous
les côtés, il ne cessait de veiller sur moi, et
s'entendait constamment à ce sujet, avec ce
brave François Ricard, qui m'avait déjà
donné de si courageuses marques de dévouement.

L'avantage qu'avaient pris sur nous les ennemis, ayant prouvé au maréchal de Broglie
que ses présomptueux calculs étaient en défaut, il se vit obligé d'humilier son orgueil,

jusqu'à demander du secours au collègue dont il avait voulu séparer sa cause. Quoique le prince de Soubise eût lieu d'être aussi fâché que surpris, de l'attaque imprévue qu'avait osé se permettre le maréchal, son premier mouvement fut d'ordonner de faire marcher à son aide, la réserve commandée par le prince de Condé, laquelle était postée entre les deux armées, et de remplir lui-même, les dispositions arrêtées pour le lendemain. Mais, le croira-t-on? deux lieutenans-généraux, les marquis Dumesnil et de Voyer, furent assez éhontés, assez indignes du nom de Français, assez ennemis de leur pays, pour détourner le prince de Soubise de cette résolution généreuse.

« Si Votre Altesse s'engage dans cette affaire, lui dirent-ils, si elle bat les ennemis, qu'en résultera-t-il? elle augmentera la gloire du maréchal : c'est sur lui que roulera toute l'action, Votre Altesse ne passera plus que pour son auxiliaire. Si, au contraire, M. de Broglie est battu, on ne pourra vous reprocher un malheur qu'il se sera attiré par sa faute; tout le blâme de son entreprise manquée ne tombera que sur lui et dévoilera aux yeux de tous son caractère envieux. Il importe donc de lui donner aujourd'hui une leçon dont il se souvienne, en le laissant se débarrasser comme il le pourra des suites de son téméraire orgueil et de son manque de foi.»

Ce conseil perfide détruisit les bonnes dispositions que le prince de Soubise avait d'abord manifestées : il refusa le secours demandé, et resta spectateur tranquille de la défaite du maréchal. Celui-ci se plaignit hautement d'un abandon si funeste pour la France, mais ses plaintes ne réparèrent point le mal que son imprudente présomption avait causé.

Faisons connaître ici les deux conseillers qui abusèrent, d'une manière si odieuse, de l'ascendant qu'ils avaient pris sur la faiblesse du prince de Soubise.

Fils d'un cardeur de laine, le marquis Dumesnil, fort bel homme, doué d'une éloquence persuasive, mais fier, audacieux, turbulent, d'un caractère inquiet et faux, était un de ces favoris de l'aveugle fortune qu'elle conduit par toutes les voies, même les plus honteuses, à une brillante élévation. Sa bonne mine, son effronterie, et la galanterie d'une grande dame, lui avaient procuré l'avantage d'entrer dans l'état-major de l'armée, de parvenir aux grades supérieurs et de s'arroger le titre de marquis. Une profonde politique avait aidé à le soutenir et à le faire triompher des obstacles qu'il rencontrait. Capable de tous les crimes, il était le boute-feu de toutes les querelles qui s'élevaient par fois dans les sommités de l'armée, à laquelle il fut presque aussi nuisible que l'avait été précédemment l'affreux comte de Mortagne. Il sacrifiait des détachemens entiers pour faire naître l'occasion de perdre un officier supérieur qu'il haïssait, et ne le prouva que trop à cette malheureuse affaire de Fillingshausen. Cependant, cet homme ne fut point puni, il fut au contraire, en quelque sorte, récompensé; mais de la manière dont on récompense les agens que l'on méprise. Comme il était sans pudeur et de toute main, la cour se servit de lui, après la paix, pour braver le parlement de Grenoble, et il se conduisit alors, avec autant d'impudence et de honheur, que dans toutes les autres circonstances de sa vie.

Le marquis de Voyer était brave, d'un esprit facile et brillant, il avait acquis beaucoup d'instruction dans tous les genres, possédait une grande variété de talens et s'exprimait élégamment. Mais, il avait tous les vices du cœur, et fomentait astucieusement toutes les cabales. Ce fut même en cela seulement qu'il obtint des succès, car aux expéditions de guerre, il fut toujours malheureux. En 1757, ayant été chargé de la course sur Halbertstadt, il y avait établi l'horreur et la honte du nom français par ses vexations et par sa retraite. En 1760, il s'était montré cabaleur déterminé contre M. de Broglie, sous prétexte de défendre M. de Saint-Germain, contre lequel il avait aussi plusieurs fois cabalé, et alors il s'était donné pour second le comte du Luc, bel esprit de cour, qui n'a plus servi depuis. Enfin, ce qui acheva de le rendre odieux, ce fut son indigne coopération avec le marquis Dumesnil (1).

____

(1) Vingt ans plus tard, en mai 1781, ce marquis de Voyer reçut

Mais quand ces deux êtres pervers méritaient une dégradation flétrissante, les deux généraux en chefs étaient-ils moins coupables qu'eux? Hélas! on voudrait envain le dissimuler, ni l'un ni l'autre n'étaient excusables, sous aucun rapport; tous deux avaient encouru, non-seulement le blâme, mais une punition exemplaire. M. de Broglie, parce qu'il avait risqué une bataille inégale pour satisfaire son ambition particulière, parce qu'il n'avait tenu aucun compte du plan convenu dans un conseil de guerre et qui devait être sacré pour lui; M. de Soubise, parce qu'il avait sacrifié, sans restriction, l'honneur de nos armes et la vie de nos guerriers, au plaisir de perdre son impatient rival.

La suite d'un début si déshonorant fut une

---

une verte leçon de Louis XVI. Par une cupidité indigne d'un homme de sa qualité et d'un lieutenant-général des armées du roi, il s'était fait maquignon, et se livrait à un commerce très-lucratif de chevaux; il tenait même la poste et l'auberge à sa terre des Ormes. Ayant appris ces basses infamies, Louis XVI, au débotté à Marly, les lui reprocha, devant toute la cour, en termes très-durs, et lui défendit de reparaître devant lui. La cour et la ville applaudirent au monarque, ami des mœurs et de l'honnêteté, quoique beaucoup de courtisans, qui méritaient des reproches du même genre, se permissent de critiquer S. M.

inaction forcée. Chacun des deux rivaux écrivit à la cour contre son collègue. Le prince de Soubise demandait à continuer la campagne sur le même plan ; le maréchal de Broglie attaquait ce plan, et promettait monts et merveilles si on lui donnait un commandement indépendant de celui de M. de Soubise. Attendu qu'on lui reconnaissait plus d'habileté qu'à ce prince, la cour décida en sa faveur. L'armée de Soubise fut démembrée, afin de porter à quatre-vingt-dix mille hommes celle du maréchal. Ce dernier mit une fastueuse arrogance dans son triomphe ; il s'éloigna ensuite, s'enfuit en toute hâte dans son camp méthodique de Cassel, y joua à peu-près aux barres avec le prince Ferdinand, se vanta d'avoir été à six lieues de Hanôvre, et acheva sa campagne sur le Weser sans succès et sans utilité. Comme il était le plus redoutable pour l'ennemi et le plus avancé vers lui, le prince Ferdinand alla lui faire face, et ne laissa au prince héréditaire que vingt-cinq mille hommes, pour arrêter le prince de Soubise, à qui il en restait plus de soixante mille.

Avec une armée encore aussi forte, ayant derrière lui ses magasins et les places du Bas-Rhin, ce prince pouvait attaquer Munster et même Lipstadt; mais loin de s'y résoudre, il resta continuellement sur la défensive. Le prince héréditaire ne cessait de le harceler et de le tourner, il pénétra même jusqu'à Dorstein (1), et jusqu'auprès de Wesel, sans parvenir à le faire sortir de sa craintive inactivité.

M. de Soubise passa ainsi la campagne dans les irrésolutions et les inquiétudes, et son armée fut plus fatiguée que si elle eût marché en avant.

Cependant, les Hanôvriens fournirent à ce malheureux général, par les sottises qu'ils firent d'éclatantes occasions de s'éclairer et de reprendre courage. Étant au camp de Nieukloster, près de Munster, leur général Kilmansegg sortit de cette ville et vint en aveugle se jeter dans l'armée française, avec cinq à six mille hommes. Les Français profitèrent de sa téméraire imprudence et l'at-

______

(1) *Dorstein*, ville forte d'Allemagne en Westphalie, sur la Lippe, à 8 lieues N. E. de Duisbourg, 20 N. de Cologne, 15 S. O. de Munster, et 5 E. de Wesel.

taquèrent, mais avec une sorte de désordre ; puis emportés par leur vivacité ordinaire, ils le poursuivirent et lui tuèrent ou lui prirent quinze cents hommes. Si le lendemain, le prince de Soubise eût marché sur Munster, il eût pu s'en emparer. Il se borna à faire assiéger le château de Ham, par le prince de Condé, mais quoique ce jeune prince fût déjà renommé par son courage et son intelligence, il lui fut impossible de prendre la place.

M. de Soubise chargea également son indigne conseiller, le marquis de Voyer, de s'emparer du château de Warendorff. (1) Il le mit, pour cette expédition, à la tête de quatre mille hommes, mais suivant son habitude, le marquis manqua honteusement son coup et fut obligé de renoncer à l'entreprise ; pourtant le château n'avait d'autres défenseurs qu'un parti bleu de deux cents hommes, commandés par un simple garde-magasin des fourrages.

Est-il possible de reconnaître une nation aussi brave que la nôtre dans les événemens

____

(1) *Warendorff*, jolie ville d'Allemagne, dans l'évêché, et à 4 lieues de Munster, sur l'Ems.

de cette guerre! Est-ce donc cette même nation à laquelle n'avaient pû résister les plus
fortes places de la Flandre et de l'Italie, et
qui tout nouvellement encore, avait pris Port-
Mahon? Est-ce bien cette nation française,
accoutumée à s'illustrer dans tous les genres
d'actions héroïques, et qui avait toujours été
au-dessus des autres nations, pour l'attaque
et la défense des places et des retranchemens?
Est-ce bien elle, dont les phalanges viennent
de se voir continuellement arrêtées tout court,
par des bicoques, uniquement revêtues de
terre, de lignes mal faites et de vieux châteaux
en ruines. Oui, c'est toujours la même nation! sa valeur, son intrépidité au milieu des
périls ne l'ont point abandonnée, ses soldats
savent toujours vaincre ou mourir quand on
a le talent de les bien conduire, mais s'ils
marchent sous les ordres de chefs ineptes,
s'ils sont trahis, vendus et livrés, le découragement et le désordre s'introduisent dans
leurs rangs, et les plus déplorables revers en
sont l'inévitable effet.

Telle fut notre destinée pendant la campagne de 1761. Cependant cette fatale cam-

pagne ne finit qu'au mois de décembre. Les armées, délabrées et ruinées, regagnèrent leurs quartiers d'hiver accoutumés, sur le Mein et le Rhin. Les intrigues de cour reprirent leur jeu, le maréchal de Broglie succomba cette fois sous le procès qu'il s'était préparé. Il reçut une lettre de cachet qui l'exilait dans ses terres. Mais le soir même, le public du Théâtre-Français se chargea de le venger. On jouait *Tancrède*. Mademoiselle Clairon remplissait le rôle d'Aménaïde. Quand elle en fut à ces vers.

> On dépouille Tancrède, on l'exile, on l'outrage...
> C'est le sort d'un héros d'être persécuté.
> . . . .
> Tout son parti se tait : qui sera son appui?
> Sa gloire!. . . . .
> . . . .
> Un héros qu'on opprime attendrit tous les cœurs.

L'actrice donna des inflexions de voix si nobles et si pénétrantes, que tous les spectateurs, pleins de l'événement du jour, sentirent l'à propos. Le nom de Broglie vola de bouche en bouche, et le spectacle fut interrompu à plusieurs reprises par des applaudissemens qui se renouvelaient sans cesse. Ces marques d'estime, données si énergiquement à un général qu'elle avait cru devoir punir, déplurent à la cour. Elle fit défendre aux Comédiens-Français de jouer *Tancrède* jusqu'à nouvel ordre.

Quant au prince de Soubise, on eut le nouveau tort de le confirmer dans le commandement en chef, malgré son incapacité reconnue, mais le roi exigea du maréchal d'Estrées, qu'il allât à l'armée l'aider de ses conseils.

CHAPITRE XLIV.

Un prince ignorant et un maréchal de France éclairé en contact et en opposition. — Nouvelles cabales, nouvelles trahisons. — Fautes valeureuses d'un jeûne officier-général. — Combat d'Amœnebourg. — Horrible carnage. — Deux pertes déchirantes et irréparables me réduisent au désespoir. — Mutilation de mon triste individu. — Aliénation de ma raison.

Ce fut la cabale ennemie du maréchal d'Estrées qui persuada à Louis XV d'adjoindre ce vieux maréchal au prince de Soubise pour lui servir de conseil pendant la campagne de 1762. La marquise de Pompadour, directrice cachée de cette cabale, avait prévu qu'en associant le maréchal à l'ineptie du prince, on arriverait jusqu'à lui faire partager la honte des mauvais succès de son collègue, à diminuer la réputation d'habile général qu'il avait justement acquise, et à ternir sa gloire. Le maréchal donna dans le piège : au lieu de se reposer à l'ombre de ses lauriers, il céda aux instances pressantes du roi, et ne tarda point à prouver, à ses dépens, la justesse du calcul de ses ennemis.

Les instructions de la cour, prescrivaient de prendre pour théâtre de la guerre, Francfort et la Hesse. Ce théâtre était plus brillant que les précédens, mais il était aussi beaucoup plus périlleux. Un article fondamental des mêmes instructions ordonnait au prince de Soubise d'agir de concert avec les généraux des armées impériales qui commandaient en Saxe. Mais, dès l'ouverture de la campagne, cet article fut enfreint; le ridicule amour-propre de nos généraux leur persuada qu'ils compromettraient leur haute renommée, s'ils consultaient des généraux étrangers sur ce qu'il y avait à faire. Vainement donc on avait sagement réglé qu'il existerait une étroite liaison, entre les opérations des armées françaises et des armées impériales, cette liaison fut rompue dès le principe. Chacune des armées, ignorant alors ce que les autres avaient déterminé, toutes agirent souvent en sens contraire. Il n'y eut aucun ensemble dans leurs mouvemens, elles donnèrent ainsi à l'ennemi des avantages incalculables contre elles.

Mais, ce désaccord, entre des armées qui venaient soutenir la même cause, ne fut pas le seul qui compromit gravement cette cause : la mauvaise étoile de la France voulut, de plus, que la division régnât bientôt entre le prince de Soubise et le maréchal d'Estrées, et tout espoir de nous replacer militairement au rang que, dans tous les siècles, nous avions occupé fut irrévocablement perdu. Le prince de Soubise marcha de bévues en bévues; les plus scandaleux tableaux d'insubordination et de désordre se renouvelèrent tous les jours; nous fûmes surpris dans la Hesse. Pour nous opposer aux progrès de l'ennemi, nous affrontâmes, M. de Bélancour, le chevalier d'Erigny et moi, des périls sans nombre; mon régiment fut presque le seul qui se défendit vaillamment et avec ordre, parce que nous soutenions sa valeur par notre exemple. Enfin, nous eûmes la douleur et l'humiliation de voir vingt-deux compagnies des grenadiers de France se rendre prisonnières, sans tirer un coup de fusil.

Pendant que, suivi de mes braves dragons ,
je chargeais impétueusement les rangs anglais , je remarquai, non sans étonnement,
qu'un jeune officier qui semblait tenir à l'é-
tat-major de l'armée , suivait toutes mes démarches avec une constance extraordinaire.
Lorsqu'il me voyait exposé , il s'élançait en
avant comme pour me défendre , et aussitôt
que le danger avait cessé , il disparaissait.
Quel était cet officier qui prenait à moi un
si vif intérêt ? Sa figure, que je n'avais entrevue qu'imparfaitement , annonçait une extrême jeunesse , et me causait une émotion
indéfinissable. Je me promis de ne rien né-
gliger pour le connaître, et l'occasion ne
s'en présenta que trop tôt.

Le prince de Condé fut le seul de nos généraux qui soutint dignement l'honneur français. Il avait fait les deux campagnes de 1757
et de 1761 avec beaucoup de courage et d'intelligence. Aussi dès qu'il parut en 1762 ,
chargé d'un commandement , toute l'armée
tourna vers lui son espérance, ses désirs et
son affection. Cette heureuse disposition des
esprits fut encore augmentée par sa conduite

brillante. Empressé de s'éclairer, exact à suivre les conseils du marquis de Monteynard, lieutenant - général d'un très-grand mérite, dont il avait su apprécier les lumières, il battit deux fois le prince héréditaire de Brunswick. Ce fut surtout au combat de Johannesberg (1), qu'il se montra le fidèle et glorieux imitateur du grand Condé, son aïeul, qui était à peu près du même âge que lui quand il vainquit les Espagnols à Rocroy. A la nouvelle des victoires qui signalaient l'heureux début de ce jeune prince dans la carrière des héros, toute la France fit éclater les démonstrations de la joie la plus vive.

Malheureusement son noble zèle fut sans effet sur les autres généraux et n'excita en eux aucune émulation patriotique, leur corruption, leur incapacité, l'espèce d'acharnement avec lequel le prince de Soubise et le maréchal d'Estrées s'obstinaient à se contrecarrer mutuellement, étendait sur tous les points de l'armée, un découragement si absolu, une consternation si profonde, qu'il n'y avait plus

____

(1) Près de Fridberg, ville impériale d'Allemagne, dans la Wétéravie ; sur une montagne à 6 lieues N. E. de Francfort.

rien à attendre de l'énergie des soldats. On fut trop heureux de pouvoir négocier une suspension d'armes. Elle s'était déjà établie, tout naturellement, par la lassitude et le dégoût des troupes, quand une faute nouvelle, ajoutée aux milliers d'autres que l'on avait faites, la rompit tout-à-coup; cette faute fut l'inutile combat d'Amoénebourg.

J'ai déjà dit qu'il y avait alors dans les hauts grades un nombre trop considérable de courtisans et de favoris qui, remplaçant le mérite dont ils étaient dépourvus par la suffisance et de misérables brigues, voulaient tout envahir. Une vingtaine d'entre eux, impudens matamores, ne doutait de rien. Sans être arrêtés par aucune considération, ils sacrifiaient de braves gens à leur ambition irréfléchie; fléaux de nos armées, ces indignes chefs y entretenaient les cabales, les désordres, l'indiscipline, les pillages, les trahisons; enfin toujours, malgré leurs bravades, ils prêtaient le flanc à l'ennemi. L'un d'eux, le chevalier de Sarsfield, avait eu l'adresse de s'emparer de la confiance du marquis de Castries. L'âme élevée de ce dernier souffrait cruellement à la pensée de se voir subordonné à des généraux qui, refusant de se communiquer réciproquement leurs vues, ne tiraient aucun parti de la supériorité de leurs forces sur celles du prince Ferdinand; il s'indignait de l'impossibilité où on l'avait placé de faire valoir, pour le service de son roi et de son pays, la valeur, le zèle et les talens dont il avait précédemment donné de mémorables preuves. Or, le chevalier de Sarsfield le surprit dans un de ces momens de réflexions pénibles : il s'efforça d'exalter son imagination, déjà trop échauffée, et réussit à lui faire prendre une résolution, que sa raison eût réprouvée si, pour la condamner au silence, on n'eût abusé des généreux sentimens qui l'animaient. Il suivit donc trop facilement l'impulsion des idées fougueuses de ce chevalier : dans le temps même qu'on négociait pour la paix, tandis que des deux côtés, on désirait également une suspension d'armes, il eut le tort, n'ayant à ses ordres qu'une fraction médiocre de l'armée, d'engager cette affaire d'Amoénebourg, qui devait être pour moi le principe des plus douloureux souvenirs.

Au signal donné par ce jeune général que tous les soldats chérissaient, l'âme de chacun d'eux s'échauffe, la confiance ranime leur courage. Bientôt l'infanterie, la cavalerie et l'artillerie sont disposées dans le plus bel ordre, présentent sur tous les points un aspect formidable, et font espérer des moissons de lauriers. Le canon gronde et retentit au loin, nous attaquons avec impétuosité; on se défend vaillamment, mais cette défense ne nous empêche pas d'enfoncer des bataillons entiers. Après les avoir culbutés et forcé l'armée ennemie à un mouvement rétrograde, la bayonnette va achever sa défaite, quand nous voyons paraître des divisions imposantes que le prince héréditaire fait avancer à toutes jambes. Secourues si à propos, les phalanges qui fuyaient se rallient et reprennent une attitude menaçante. Nous, qui nous sommes témérairement engagés dans cette affaire, nous, éloignés de notre quartier-général et n'ayant point prévu que nous pourrions avoir besoin d'être soutenus, nous devenons alors si inférieurs en nombre, que la victoire sur laquelle nous comptions va nous échapper. En effet, la mêlée est, de moment en moment, plus épouvantable; ici l'on se bat corps à corps, là, des feux roulans s'élancent dans la plaine comme le tonnerre sur des nuages sulfureux, et la mort porte, de rang en rang, ses homicides ravages.

Afin de diminuer, autant que possible, la gravité des conséquences d'un changement si subit dans notre position, le valeureux marquis de Castries excite en nous par ses exhortations, par son exemple de nouveaux efforts. Nous nous surpassons tous, chacun des nôtres est obligé de lutter contre plusieurs guerriers à la fois, et les ennemis s'acharnent surtout contre les officiers généraux et les chefs des corps. Mon régiment fait tête à de l'infanterie, a de la cavalerie; couvert de poussière et de sang, le chevalier d'Erigny électrise tous nos braves par son intrépidité; mon fidèle François Ricard se montre toujours actif à me faire un rempart de son corps. L'abbé Rigobert rivalise avec lui sur ce point, de zèle et de courage. Inséparable de la provision d'onguens, de charpie et de cordiaux dont il s'est décoré, mais religieusement pénétré du principe qu'un ministre des autels ne peut répandre le sang de son semblable, même pour sa propre défense, sans se dégrader du caractère sacré dont il est revêtu, la seule arme qu'il porte est un long bâton blanc : c'est avec cette arme inoffensive qu'il se jette au milieu des combattans; jamais il n'en fait usage pour frapper, il l'emploie uniquement à détourner la direction des fusils et des glaives : dans ce périlleux exercice, cet homme extraordinaire déploie une force irrésistible, une adresse inconcevable. Il s'expose à une mort presque certaine et ne croit pas qu'il y ait du mérite à s'y exposer! la chaleur de son âme candide, charitable et courageuse, n'est refroidie par aucune crainte !

Mais les ennemis, dont les forces maintenant sont très-supérieures aux nôtres, nous chargent avec fureur : vainement nous déployons contre eux une bravoure qu'ils admirent et qui les étonne, nous sommes contrains de plier; la terre est jonchée de débris d'armes, de cadavres, de mourans, et la nature frémit d'horreur. Entourés, accablés par des bataillons et des escadrons nombreux, qui égorgent, qui foudroient nos guerriers, faut-il donc nous rendre?... Jamais! jamais! tel est le cri unanime qui monte jusqu'au ciel.

Mais cette héroïque résolution va nous coûter des flots du sang le plus généreux! De moment en moment le combat devient plus meurtrier: un boulet enlève de son cheval et étend, brisé et sans vie, sur le champ de bataille, le brave, le respectable, l'excellent comte de Bélancour! Je perds, sans espoir de retour, le meilleur des amis! Que dis-je? un second père aussi tendre, aussi zélé pour mon bonheur que le premier!

Mais une atteinte plus profondément douloureuse encore m'est destinée!... Le marquis de Castries ordonne la retraite, et prescrit de la faire en combattant. Mon régiment est bientôt assailli de toutes parts : à la vigueur de sa résistance on reconnaît une grande énergie de valeur.

J'avais revu, à plusieurs reprises, le jeune officier d'état major dont j'ai parlé plus haut, et qui m'avait si vivement ému par l'intérêt qu'il prenait à ma conservation; mais chaque

fois que j'avais voulu m'approcher de lui , il
avait su m'éviter aussi adroitement que les-
tement. Dans ce moment périlleux du combat
d'Amoénebourg il reparaît à mes yeux : on
dirait qu'il se multiplie pour voler au devant
de tous les coups que l'on veut me porter;
il devance mes autres amis , et son audace à
affronter les dangers forme un véritable contraste avec son extrême jeunesse. C'est à sa
bouillante ardeur , qui se communique à mes
dragons , que je dois la satisfaction de les voir
mettre en fuite un fort détachement ennemi
qui sans doute nous eût faits prisonniers.

— » Cette fois , me dis-je , ce généreux
guerrier n'échappera point à mon desir brû-
lant de lui exprimer les tendres sentimens
qu'il m'inspire.» Pour m'approcher de lui plus
vite , je pique mon cheval de l'éperon. Tout-
à-coup les bataillons ennemis que nous pour-
suivions se retournent , font contre nous une
décharge effroyable de mousquetterie , puis
continuent leur fuite. Le chevalier d'Érigny
reçoit un coup de feu dans les côtes, une
balle m'atteint légèrement à la cuisse droite;
au même instant j'aperçois renversé sur son

cheval, l'intéressant inconnu vers lequel mon
cœur me faisait voler.

L'abbé Rigobert pousse un cri d'épouvante;
tout aussitôt il est près de lui et le soutient
dans ses bras. J'arrive... Quel spectacle s'offre alors à mes yeux! mon noble défenseur est
couvert de sang! Son chapeau tombe, ses
longs cheveux écartés laissent sa figure à découvert... Au premier regard que je porte sur
les traits de ce charmant visage, un saisis-
sement mortel resserre les fibres de mon cœur
et me fait perdre la respiration, un tremble-
ment convulsif ébranle violemment mes organes, toutes mes facultés physiques et mo-
rales sont bouleversées. Je reconnais dans ce
jeune héros... puis-je avoir la force de l'é-
crire !... je reconnais... mon Augustine !.....
Oui, c'était cette femme incomparable !.....
Surmontant la faiblesse de son sexe, elle s'é-
tait revêtue de l'habit militaire pour veiller
sur les jours de son époux et pour les défendre !

Continuellement tourmentée par la pensée
des dangers que je courais chaque jour, l'é-
loignement où elle était de moi les lui avait
fait paraître bien plus effrayans qu'ils ne l'é-

laient en effet. Les tableaux noirs et sanglans que son imagination était inépuisable à reproduire, l'avaient frappée de terreur. Enfin, ne se sentant plus capable de supporter, sans y succomber, les déchirantes inquiétudes qui l'accablaient, elle s'était persuadée qu'elle ne parviendrait à en alléger le poids qu'en faisant la démarche héroïque dont je viens de parler.

Sous le prétexte de quelques affaires qui exigaient sa présence à la Tombe, elle avait quitté madame de Bélancour, et était partie, ne mettant personne dans sa confidence. Ce ne fut que pendant le combat d'A-moénebourg que, rencontrée par le prieur de Saint-Nicolas, il la reconnut. Étonné de la trouver là sous l'habit militaire, effrayé des suites tragiques que pouvait avoir sa téméraire entreprise, il la conjure d'y renoncer et de se retirer. — « Mon devoir, lui répond-» elle, m'ordonne de veiller sur Gustave ou de » mourir avec lui! » Et soudain faisant prendre le galop à son cheval, elle s'éloigne.

Ce fut immédiatement après, que je découvris de nouveau ce jeune officier, qui avait fait naître dans mon cœur un si vif intérêt. Comment, hélas! à l'émotion que j'éprouvai, ne devinai-je pas cette femme adorée!

L'action était alors dans toute sa chaleur; il ne fut pas au pouvoir du prieur de m'informer que l'infortunée était si près de moi.

Éperdu, poussant des cris d'épouvante et de désespoir, je me précipite sur cette victime sacrée du plus sublime dévouement; la pressant avec une sorte de frénésie contre mon cœur, je m'efforce, mais en vain, d'arrêter le sang qui ruissèle à gros bouillons d'une large blessure qu'elle a reçue à la poitrine. De sa main défaillante elle prend la mienne, et ses yeux portent vers moi un regard, qui exprime à la fois le regret douloureux de me quitter sans retour, et le plaisir de s'être dévouée pour moi! Enfin, elle veut m'adresser un dernier adieu; mais les paroles qu'elle va proférer sont aussitôt arrêtées, sa bouche reste muette et les voiles de la mort s'étendent sur sa figure décolorée; sa main cesse de serrer la mienne et retombe glacée... Mon Augustine a cessé d'être! La

plus belle des âmes s'est hélas! pour jamais,
séparée du plus beau corps !

Vainement j'essayerais de peindre l'effet
terrible que produisit en moi la fatalité cruelle, qui me ravissait au même instant, ce
bon, ce généreux comte de Bélancour, et son
angélique nièce ! L'étendue de la force dont
je pouvais être doué était insuffisante pour
supporter deux pertes si affligeantes ! L'é-
branlement de toutes mes facultés fut donc
sans mesure; la plus déplorable subversion
d'esprit et de corps se manifesta; ma raison
s'aliéna complètement; des mots sans suite,
des exclamations de douleur, de désespoir et
de rage; de sombres et longs gémissemens
sortaient péniblement de ma poitrine oppressée; je ne comprenais rien aux paroles qu'on
m'adressait; je repoussais tous ceux qui s'ef-
forçaient de me séparer du corps inanimé de
mon Augustine; je me débattais comme un
forcené entre leurs mains !..... Tout-à-coup,
une dernière décharge, qu'en se retournant
dans sa fuite l'ennemi nous lança, fit pleu-
voir au milieu des nôtres une grêle meur-
trière de mitraille, et plusieurs fragmens de

cette mitraille mirent le comble à mes cala-
mités, en me cassant le bras gauche et en
m'atteignant au visage !.. Ce fut alors que je
perdis entièrement l'usage de mes sens. Pendant quelques heures, on me crut mort.

Les prompts secours qui me furent ad-
ministrés me rappelèrent à la vie; mais je
ne repris l'usage de ma raison que plusieurs
mois après.

CHAPITRE XLV.

Armistice.— Paix honteuse. — Ses tristes effets.—Esprit du cabinet de Versailles. — Tableau de l'Europe.— Révélations concernant un certain nombre-d'officiers généraux.

PENDANT l'état d'aliénation mentale auquel j'étais réduit, un armistice, dont le loyal comte de Guerchy fut chargé d'arranger les conditions, eut lieu, malgré la malheureuse issue de cet imprudent combat d'Amoéne-bourg, qui nous avait fait perdre inutilement trois mille hommes, et cet armistice amena la paix générale de l'Europe.

Elle fut signée le 10 février 1763, à Paris, entre les rois de France, d'Espagne, et de la Grande-Bretagne; et le 13 du même mois, à Hubertsbourg, en Saxe, entre l'impératrice reine de Hongrie, le roi de Prusse et l'électeur de Saxe. Cette paix fut honteuse pour nous; mais notre situation était si désespérante que nous la reçûmes comme un bienfait.

Par le traité, on voulut bien confirmer aux Français la pêche et la pêcherie de la morue sur une partie des côtes de Terre-Neuve et dans le golfe de Saint-Laurent. Le roi d'Angleterre fit au roi de France la grâce insigne de lui céder les îles de Saint-Pierre et de Miquelon, et de permettre qu'une ligne fût tirée au milieu du fleuve de Mississipi, dans toute sa longueur, pour servir de limite aux territoires français et anglais. Enfin S. M. Britannique daignait consentir à ce que la nouvelle Orléans restât à la France, et à ce qu'on nous rendît les îles de la Guadeloupe, de Marie-Galande, de la Désirade, de la Martinique, de Belle-Isle, de Sainte-Lucie et de Gorée.

Mais, afin qu'il fût permis au roi de France d'avoir quelque espoir de conserver la chétive part qu'on lui laissait, il fut obligé de renoncer à ses prétentions sur l'Acadie, de céder en toute propriété, au gouvernement anglais, le Canada, l'île du cap Breton, les îles du golfe et du fleuve Saint-Laurent, les îles de la Grenade et des Grenadins ; de lui abandonner la propriété de Saint-Vincent, de la Dominique et de Tabago ; de lui faire cession de la rivière du Sénégal, des comptoirs en dépendans, et de lui restituer l'île de Minorque et le fort Saint-Philippe. Enfin, il fallut que nous rendissions toutes les places et villes que nous occupions en Allemagne, et que nous supportassions la flétrissure de voir démolir de nouveau les fortifications de Dunkerque et d'avoir un commissaire anglais dans ce port.

On fit plus, comme si l'on eût juré que rien ne serait oublié pour accroître notre honte, les ministres français ne rougirent pas de consentir à signer une stipulation secrète, par laquelle l'Angleterre limitait impérieusement le nombre des vaisseaux que la France pourrait entretenir.

D'un autre côté, si le roi de Prusse s'obligeait d'évacuer et de restituer toutes les places de la Saxe, il en était magnifiquement dédommagé, par la restitution que lui faisait l'impératrice-reine, du comté de Glats, et par la disposition, en vertu de laquelle ce prince voyait combler son vœu le plus ardent en devenant maître paisible de la Silésie.

Voilà ce que nous gagnâmes à cette guerre qui, pendant sept années, avait fait gémir l'humanité, épuisé toutes nos ressources, et contribué, plus qu'on ne saurait le croire, au développement des fermentations révolutionnaires qui firent explosion quelques années après ! cette guerre funeste ne présenta, dans tous les instans, que de l'incapacité, des vues mal combinées, des projets sans soutien, des succès équivalens, des défaites, des actions flétrissantes, des perfidies atroces, des officiers-généraux de terre, cimentant leur déshonneur avec le sang d'une infinité de braves gens; des officiers-généraux de mer déconsidérant et ruinant notre marine.

Voilà où nous avaient conduits les cabales de cour, la dissolution des mœurs nationales, l'avidité des employés et la rapide succession d'une douzaine de ministres et de généraux en chef, qui ne passaient au travers des affaires publiques et du commandement des armées, que pour être scandaleusement renversés aussitôt que placés ! C'était à qui chercherait la richesse dans ces emplois élevés, mais glissans et périlleux, où la sûreté et l'honneur ne résidaient plus.

Cependant, parmi les officiers supérieurs de l'armée, nous en comptions quelques-uns qui, par leur mérite militaire ou leur conduite, se conciliaient l'estime générale. Je citerai pour exemple les suivans :

Le duc de Coigny mestre-de-camp général des dragons, peu spirituel, inappliqué ; mais brave, honnête, rempli de probité. Sa conduite, dirigée par la décence, formait un contraste frappant avec celle des autres jeunes seigneurs de la cour, dont plusieurs étaient de fort mauvaise compagnie, et capables de bassesses et de crimes. Ce qui faisait dire à M. de Souvré, pour marquer la différence entre les mœurs de son temps et celles du nôtre : « Lorsque nous étions jeunes, nous fâchions nos parens, mais nous ne les faisions pas rougir ; nous méritions quelquefois la Bastille, mais jamais Bicêtre. »

Le prince de Crouy, brave homme, rempli de probité et d'application. Le comte de Ségur, lieutenant-général, l'un des plus rigides inspecteurs d'infanterie, et s'exposant avec tant de franchise, qu'à chaque affaire il était blessé ou pris et qu'il perdit un bras. Le

comte de Rochambeau, lieutenant-général,
inspecteur, et beau-frère du maréchal de Broglie, bon officier de détail, courageux et dé-
sintéressé. Le baron de Wurmser, lieutenant-
général, inspecteur des troupes allemandes;
bon pour commander une expédition même
compliquée. Le marquis de Monti, lieutenant-
général italien, doué de talens véritablement
éminens et d'un courage héroïque. Le comte
de Vogué, lieutenant-général, habile à mener
une division ou une ligne. Le marquis de
Bréhant, homme utile et de bon exemple,
excellent pour conduire une colonne à l'ennemi, ou pour soutenir une arrière-garde. Le
lieutenant-général de Chabot, surnommé *la
Balafre*, officier de grande expérience et de
grand courage, l'un des meilleurs généraux
de l'armée française. Le lieutenant-général
de Bourcet, sorti du corps des ingénieurs,
ayant de rares talens et une très-longue expérience. Sa science principale était la topo-
graphie et les marches d'armées : il posa des
principes lumineux sur cette partie de la
guerre qui dirige toutes les autres., il voulut
même l'assujettir à des règles et l'enseigner.

Entre autres travaux, il fit une carte militaire et raisonnée des Alpes, qui passe pour un chef-d'œuvre. Attendu qu'il se distinguait par une grande supériorité de génie et de savoir, on l'avait laissé vieillir dans les emplois subalternes, il était resté trente-six ans simple lieutenant !

Fischer, d'une extraction basse, d'abord palfrenier du marquis d'Armentières. Etant dans la Bohême, il sentit se développer d'une manière extraordinaire son intelligence et une disposition absolue au métier de la guerre en grand. Devenu colonel de troupes légères, et le plus habile partisan de l'Europe, il commença la guerre de 1757 avec succès, s'y distingua par des actions très-brillantes, et enfin mourut de chagrin, en 1762, pour avoir été maltraité par le maréchal d'Estrées. La jalousie du maréchal de Broglie et de son frère l'exposa aux plus grands dangers, surtout au combat de Wetter. Ce combat n'en fut pas moins honorable pour lui, et honteux pour ces deux généraux. Aussi vrai dans ses prophéties, et aussi peu cru que la prophétesse Cassandre, il annonçait toutes les disgrâces qu'il prévoyait devoir résulter de nos imprudences et de nos mauvais plans. Tous les généraux se servaient de ses idées, et lui en dérobaient la gloire. Sa naissance et ses talens le rendirent malheureux. Quant aux mœurs, il avait celles d'un hussard, mais il répandit dans le sein des indigens les fruits de ses pillages guerriers. Enfin, ce pauvre et sublime Fischer fit toute sa vie des envieux et des ingrats, et succomba aux chagrins et aux traverses.

Avec ceux que j'ai déjà désignés dans le cours de ces Mémoires, les officiers supérieurs que je viens de rappeler sont à-peu-près les seuls qui aient servi d'une manière digne d'éloges. Mais les autres que nous avons vus toujours ignorans et nuls, ou faisant tout pour mériter le mépris de l'armée et la haine nationale : le nombre en serait trop considérable pour que je pusse les nommer tous! Cependant afin de faire concevoir une idée juste du mauvais génie qui présida à la conduite de cette guerre désastreuse, outre ceux de ces messieurs dont j'ai raconté les turpitudes, j'en citerai encore quelques-uns que voici :

Le baron de Beuzenvald, lieutenant-général, inspecteur-général des troupes suisses, était un des agréables de Paris, que la protection des femmes avait élevé. L'ignorance, l'incapacité s'alliaient chez lui à la suffisance d'un fat et à toute l'insolence des parvenus. Les Suisses voyaient avec un déplaisir infini que leur état militaire lui était confié, et il justifia ce sentiment, en faisant à la guerre autant de sottises que de pas. Un homme respectable de sa nation le fit taire un jour par cette sortie d'une franchise helvétique: «Monsieur, vous êtes toujours sous le cotillon des femmes : pour moi, il y a long-temps que j'en suis sorti. Parlons plaisirs, si vous voulez, mais jamais guerre. Nous ne l'avons pas faite dans les mêmes endroits : vous avez servi dans les ruelles de Paris, et moi, en Allemagne. »

Le marquis de la Sône, lieutenant-général, lieutenant-colonel du régiment des gardes. Celui-ci était pour l'ignorance et la suffisance, le second tome du précédent, il était de plus très-pillard. En 1759, on lui donna le commandement de Francfort, et il s'y conduisit très-mal, ainsi qu'à l'affaire de Johannersberg, gagnée par le prince de Condé.

Le duc de Noailles, capitaine des gardes-du-corps, qu'il ne faut pas confondre avec l'homme illustre de sa famille, à qui son grand âge ne permettait plus d'être à la tête d'une armée, était un courtisan très-fin et très-aimable, fort aimé du roi, et célèbre par ses bons mots ; mais n'ayant aucune disposition pour l'état militaire. Il servit donc mal et se rendit justice en ne servant plus.

Le chevalier de Nicolaï, général avide, buveur, emporté, cabaleur et ignorant. Les marquis de Pourpry et de Fouquet se déshonorèrent à Rosback, en donnant l'exemple de la fuite. Le premier ne reparut plus ; mais le second trouva le moyen de se raccrocher au service et de devenir lieutenant-général. Le comte de Rooth, très-brave, comme le sont les Irlandais, avait la pratique de la guerre ; mais elle ne lui était d'aucun avantage, à cause de son esprit borné, de la trop bonne opinion qu'il avait de lui-même, et de sa manie de faire le raisonneur.

Le marquis de Saint-Chamans avait beaucoup d'esprit; mais, son penchant à cabaler contre tout venant, et son avidité, faisaient de lui un général qu'il était dangereux d'employer. A Nieubourg, lors de l'irruption de l'armée des alliés sur les quartiers d'hiver du duc de Richelieu, la seule affaire qui l'occupa fut de mettre ses équipages en sûreté.

On reconnaissait généralement aux deux frères de Thiars et de Bissy, lieutenans-généraux, de la probité et de la bravoure; leur principal mérite était celui d'être académiciens français, et de faire preuve de cet esprit aimable, piquant et poli, qui plaît dans les cercles de la capitale, mais qui n'a aucun rapport avec les talens militaires.

Le duc de Fleury et le comte de la Suze, hommes de cour, fort mauvais généraux, fort magnifiques, ne servirent, comme tous les grands seigneurs, qu'à embarrasser l'armée, par leur faste et leurs équipages, et qu'à la corrompre, par leur luxe et leur mollesse. Leur ayant beaucoup pris de vaisselle, les Hanôvriens connaissaient mieux les *armoiries* de ces messieurs que leurs *armes*.

Avec eux, le comte de Mailly-d'Aucourt,

luttait de luxe et de magnificence. Très-bien partagé sous les rapports de l'esprit, de la bravoure, et même des talens militaires, ces qualités étaient singulièrement obscurcies par sa fierté, son entêtement, son ton impérieux, qui le rendaient insupportable, surtout pour ses égaux et ses supérieurs. Afin de soutenir ses profusions, il foulait le pays et affamait l'armée.

Le chevalier de Grollier fut un exemple frappant de l'impunité des mauvaises actions dans l'armée française. En 1757, étant brigadier des armées, et colonel du régiment de Foix, commandant à Lipstadt, on l'accusa, on le condamna pour friponneries criantes; car alors, puisque tout le monde volait, des friponneries simples n'auraient été considérées que comme des peccadilles. Mais, les voleries de M. le chevalier, avaient été accompagnées de trahison : il fut donc arrêté; on lui fit son procès, et l'on crut qu'il était perdu, quand, au grand étonnement de chacun, il sortit de cette affaire blanc comme neige! Et comment ce miracle s'opéra-t-il? De la manière la plus simple et la plus commune à cette époque : M. le chevalier avait gratifié ses juges d'une partie de ses profits, qui, dès-lors, passèrent pour très-légitimes. Il eut même ensuite la permission de servir de nouveau dans l'armée, comme volontaire, et il faut avouer, qu'en cette qualité, il se distingua à la bataille de Crévelt, à la tête des carabiniers, ce qui le rétablit entièrement. En 1759, il eut, dans le duché de Clèves, la place de commandant; mais, il n'y parut pas corrigé de ses pilleries. Depuis, il continua de servir avec beaucoup de valeur, et fort peu d'intégrité. Le chevalier de Grollier était cabaleur, fort relâché sur la discipline, et voleur éhonté; mais sa bravoure était grande, et il ne manquait pas de talens. Or, nous étions tellement au dépourvu de bons officiers-généraux, qu'il passait pour l'un des meilleurs à employer; cette considération faisait fermer les yeux sur ses vices, que rien ne pouvait corriger, et que l'impunité et les exemples supérieurs encourageaient.

Le comte de Stainville, lieutenant-général, frère du duc de Choiseul, avait très-peu d'esprit et de talent; son plus grand mérite était sa parenté. On fit sonner bien haut, un avantage qu'il avait remporté sur le baron de Bulow, et sur Freytag, commandant un corps de troupes légères des alliés; mais cet avantage était si petit, qu'il méritait à peine que l'on en fît mention. Il succéda à M. de Saint-Pern, en qualité de commandant des grenadiers de France, et gâta ce corps, en s'attachant trop à la figure, même à celle des officiers. Ayant servi assez long-temps dans l'armée autrichienne, il rapporta chez nous tout le ridicule de l'*automatie* allemande, par l'introduction, dans nos troupes, des trois toilettes du soldat, des coups de bâton, des pas obliques et en arrière, et de tous les jeux de pantins ! Ces misérables innovations nous ont coûté, après la paix, quatre-vingt mille vieux soldats, que le dégoût a portés à s'expatrier.

Personne jamais ne fut plus suffisant, plus tranchant, plus impérieux, que le marquis de Poyanne, lieutenant-général, commandant les carabiniers. C'était un matamore, dont la jactance fatiguait tous ceux qui le connaissaient. D'un soldat, il ne remarquait que la figure, faisait ramasser, dans les tavernes et mauvais lieux, tous les beaux hommes qu'on pouvait y rencontrer, et comptait pour rien, les autres qualités. Il se ravalait jusqu'au point d'affermer la dépense de l'entretien du corps qu'il commandait, et, par cette spéculation honteuse pour un officier-général, il se faisait soixante mille livres de rentes, aux dépens de qui il appartenait. Enfin, il fit perdre à la troupe respectable des carabiniers, le bon esprit qui l'avait distinguée dans tous les temps, et il la remplit de bandits indisciplinés.

Le prince de Beauffremont jouissait de la réputation d'un homme spirituel, brave et habile; mais, sa fierté, sa présomption nuisaient beaucoup à ces qualités. Un certain goût contre lequel les dames s'élèveront toujours, le fit disgracier. A ce sujet, je dois dire que le vice auquel ce prince était sujet, et qui s'appelait autrefois *le beau vice*, parce qu'on ne l'attribuait qu'aux grands seigneurs, aux gens d'esprit ou aux Adonis, était devenu tellement à la mode dans la seconde moitié du dix-huitième siècle, qu'il n'y avait point d'ordre de l'état, depuis les ducs jusqu'aux laquais et au peuple qui n'en fût infecté. Le commissaire de police Foucault m'a montré un gros livre où étaient inscrits tous les noms des pédérastes notés. Il assurait qu'il y en avait à Paris environ quarante mille. Il existait aussi des lieux publics de prostitution en ce genre, et l'on connaissait au jardin des Tuileries, un canton que les Gytons avaient adopté pour venir y chercher fortune (1). Depuis le supplice d'un nommé Deschauffour, l'exil, la prison, Bicêtre, ou une simple correction de police, suivant les personnages et les circonstances étaient les seules punitions qu'on infligeât aux coupables, on ne les condamnait plus à une mort infamante.

Le prince de Bauffremont ne subit donc d'autre châtiment que celui de l'exil.

Je pourrais tracer encore bien d'autres portraits de ces généraux qui ont tant compromis

______

(1) Plusieurs seigneurs avaient établi à Versailles une espèce de sérail de ce genre. Quand Louis XVI fut sur le trône, il voulut que l'on sévît contre quelques-uns de ces personnages; mais on lui représenta que l'éclat d'un châtiment juridique serait très-dangereux et déshonorerait d'ailleurs beaucoup de grandes maisons. Sa majesté se contenta d'exiler quelques-uns des coupables.

l'honneur français, mais j'en ai dit assez pour faire connaître la vérité.

Les alliés de la France partagèrent bientôt le vertige de corruption qui dominait parmi nous, et ce vertige livra d'immenses avantages au patriotisme des Anglais et au génie du roi de Prusse. En un mot, cette guerre de sept ans fit triompher le vice dans toute sa force, et devint ainsi un monument historique affreux pour les Français.

Cependant, le roi de Prusse, le prince Ferdinand, le prince héréditaire de Brunswick, malgré leurs talens incontestés, ainsi que les généraux anglais et hanôvriens, n'ont pas eu droit de s'enorgueillir beaucoup d'avoir été presque toujours nos vainqueurs, puisque ce fut le plus souvent l'impéritie ou la trahison, en permanence dans nos rangs, qui leur procura la victoire. La sévère impartialité de l'historien doit donc proclamer que si la guerre de sept ans ne met en évidence d'un côté, que de la faiblesse et de la honte, de l'autre, elle ne fait voir que du bonheur sans gloire. Jamais guerre ne s'est faite, en général, avec aussi peu de conduite, aussi peu de courage, d'honneur, aussi peu de plans assurés, tant de la part des vainqueurs que de la part des vaincus. L'histoire détaillée de cette guerre ne peut être fondée sur la vérité, sans être une satire amère contre les nations les plus respectables de l'Europe.

Puisque notre gouvernement s'y était laissé engager, il eût fallu que, dès l'origine, guidé par une énergique prévoyance, il se mît en état de terminer promptement la querelle. Si en 1757, les armées françaises avaient ravagé l'électorat de Hanôvre, ainsi que les états du roi de Prusse et ceux des alliés; si, au lieu de perdre un temps infini sur le bas Weser et auprès d'Halberstadt, elles avaient dévasté les villes et les campagnes, et amené en France tous les chevaux et les bestiaux du pays, la paix aurait été conclue dès la première année. Si l'on suppose que les alliés ne se seraient point arrêtés à ce parti sage, il est du moins certain qu'ils auraient été dans l'impossibilité de rassembler de nouveau et de faire vivre leurs armées inexpérimentées; de les aguerrir peu à peu, de les rendre capables ainsi qu'ils l'ont fait, de balancer et même de frapper d'impuissance la très-grande et très-constante supériorité des armées françaises en Allemagne.

Par ce système de guerre, la France aurait épargné plus d'un milliard en espèces, plus de six cent mille hommes, tués ou morts de fatigues et de maladies dans les quatre parties du monde ; son commerce n'aurait pas été anéanti, on n'eût pas dévasté ses colonies ; elle ne se serait pas vue réduite à la douloureuse extrémité de faire des sacrifices immenses, pour obtenir une paix devenue indispensable, et à l'humiliation de signer le traité le plus honteux ; de plus, elle n'aurait point éprouvé tous les inconvéniens attachés aux négligences d'une administration intérieure, gênée dans ses opérations, par l'excès de ses besoins ; inconvéniens qui sont la suite trop ordinaire d'un temps de corruption, de trouble et de confusion ; enfin, elle n'aurait point été la victime d'une infinité d'édits bursaux, arrachés à la bonté du roi, par le malheur des circonstances ; édits, qui, la livrant à la merci des gens de finance, et à leur rapacité, ont causé aux individus tant de maux , corrompu tant de principes honnêtes, et élevé un si grand nombre de fortunes scandaleuses.

La vraie politique de la France , et le seul système de guerre convenable à son intérêt, ainsi qu'à celui de toutes les grandes puissances, qui, comme elle , entretiennent , en temps de paix , de nombreuses armées et un état militaire considérable , doit être , quand elles ont le malheur d'avoir une guerre à soutenir , de tout écraser , en débutant. Un tel système peut paraître cruel au premier aperçu ; mais , après l'avoir mûrement examiné , on le jugera commandé par l'humanité , car son but est de faire renaître plus tôt la paix. Plus on abrège la durée d'une guerre vive et terrible , plus on épargne d'hommes et d'argent , et l'on prévient le besoin de faire beaucoup de lois fatales et de réglemens nuisibles. Il est vrai que ce système expéditif contrarierait un peu la cupidité et l'ambition de beaucoup de gens de différens états, qui cherchent à se rendre nécessaires, en prolongeant la guerre, en multipliant les embarras de l'administration , et qui sont assez mauvais citoyens pour préférer, au bien public, l'influence qu'ils veulent conserver dans les affaires, et quelques profits, dont la paix rétablie, pourrait les priver.

Les traités de Paris et de Hubertsbourg furent suivis, dans toute l'Europe, de ce calme profond qui précède souvent les tempêtes. Depuis 1763, jusqu'en 1777, les divers états ne formèrent, pour ainsi dire, qu'une nation; et le terme d'étranger ne s'appliquait qu'aux habitans de l'Asie. Les individus de tous les pays se réunissaient avec une franchise et une cordialité inconnues jusqu'alors. Les souverains traitaient leurs sujets avec une affabilité sans faiblesse; les hommes de lettres étaient encouragés, les connaissances faisaient de rapides progrès, et l'esprit du siècle prenait un aspect entièrement nouveau. Ce calme fut tout-à-coup interrompu par la mort de Maximilien-Joseph, électeur de Bavière, et par la guerre qu'allumèrent les discussions relatives à sa succession.

Mais, quel fut l'état de la France, pendant une paix si générale ? La grandeur politique du gouvernement de Louis XV s'éclipsait au

sein de la mollesse, suivie bientôt des plus
honteuses débauches ; mais la nation se ré-
fugiait, en quelque sorte, au sein des sciences
et des arts. Son activité, repoussée des affaires de l'Europe, se repliait sur elle-même,
et ce que son gouvernement lui faisait perdre
en puissance, elle le regagnait en considération, par les lumières qu'elle répandait, par
le mouvement d'opinion, dont elle devenait
le centre. Son commerce extérieur était abattu,
mais l'industrie intérieure se réveillait ; des
arts utiles se perfectionnaient ; des cultures
importantes prospéraient ; le gouvernement
perdait son crédit, mais les fortunes particu-
lières se rétablissaient sur les bases du travail ; la gloire nationale était obscurcie, mais
le bonheur domestique s'offrait comme une
compensation des revers publics.

La cour de France, dans un repos appa-
rent, mais aussi riche d'intrigues qu'avare
d'événemens, ne conservait presque de mouvement que celui d'un corps qui se décom-
pose, et cependant, une grande fermentation
agitait les autres cabinets de l'Europe. De
nouvelles combinaisons changeaient les bases

d'une politique routinière, et les contre-coups
de cette action universelle, ressentis par le
cabinet de Versailles, lui apprirent plus d'une
fois, qu'un rôle trop indifférent dans les affaires publiques devient aisément un rôle
honteusement passif, et que l'impossibilité
où l'on se met de nuire aux autres, au lieu
d'écarter l'offense de leur part, ne fait souvent que la provoquer.

En Portugal, on voit le marquis de Pom-
bal suspendant l'influence envahissante de la
politique anglaise, réprimant l'orgueil et la
résistance des grands, et donnant à l'Europe
le signal d'affranchir les trônes du joug mo-
nacal et des attentats secrets des jésuites; de
graves dissentions commencent entre l'Angleterre et ses colonies, dissentions qui, en
portant un coup funeste à la puissance de la
première, l'exciteront un jour à faire subir
à la France de cruelles représailles; une révolution en Russie met en la personne de Ca-
therine un grand homme sur le trône, et livre la Pologne à l'ambition de cette artifi-
cieuse princesse, secondée par la cupidité de
ses voisins, et foulant aux pieds la pusilla-

nime intervention de la France. Eh bien ! la
cour de Versailles contemple ces événemens
divers ; les uns troublent, sans la faire cesser, sa léthargique apathie ; les autres aug-
mentent sa faiblesse en la mettant à découvert, et précipitent sa caducité et son impuissance ; tous concourent à achever ses destinées
et contribuent à faire connaître les plaies secrètes, les germes intérieurs de dissolution
et de mort dont elle est affectée, et ces germes destructeurs ne tarderont pas à pousser
l'ancien colosse de la monarchie vers une ca-
tastrophe qu'il sera impossible à aucune force
humaine de prévénir ou de détourner.

FIN DU TOME QUATRIÈME.

TABLE

DES MATIÈRES CONTENUES DANS LE TOME QUATRIÈME.

CHAPITRE XXXVIII.

CHAPITRE XXXIX.

CHAPITRE XL.

CHAPITRE XLI.

CHAPITRE XLII.

FIN DE LA TABLE DU TOME QUATRIÈME.

**INSTINCT , MŒURS ET SAGACITÉ DES ANI-
MAUX,** ou Lettres de deux amies sur l'Histoire Naturelle, par M. B. Rousse, professeur d'histoire
naturelle, ornées de vignettes d'après les dessins
de M. Huet, peintre au Jardin du Roi, un fort
vol. in-12 , imprimé avec soin. . . . . 3 fr. 50 c.

Le même, figures coloriées. . . . 4 fr. 50 c.

Ce charmant volume offre et développe à chaque page les principes de la morale la plus pure ; les faits les plus curieux de
l'histoire naturelle sont habilement encadrés dans une foule
d'anectodes inédites sur l'instinct des animaux : c'est de la
science présentée avec goût et d'une manière simple et persuasive.

SECOURS A DONNER AUX MALADES (des) avant
l'arrivée du médecin, dans les cas graves et urgens, suivi de réflexions sur les charlatans, sur le
choix d'un médecin , et sur quelques erreurs relatives à la santé, par J. B. Mège, de l'Académie
Royale de Médecine, vol. in-8° . . . 2 fr. 50 c.

Nous espérons que cet ouvrage ne sera pas confondu avec
cette multitude de livres de médecine populaire dont l'auteur
des *Secours* signale le danger. Son ouvrage sera surtout d'une
grande utilité dans les châteaux et les campagnes, où l'éloignement des médecins compromet souvent l'existence des malades. Le nom de l'auteur est un sûr garant de l'excellence des
moyens urgens qu'il propose en attendant l'homme de l'art.

DEVOIRS DU MÉDECIN (des) et des abus qui le
rendent coupable des plus graves délits, par le
docteur Louis Buccellati , médecin-chirurgien aux
Facultés de Milan, Turin, etc. ; in-8°. . . 2 fr.

Cet ouvrage a pour but d'éclairer le public sur certains pro-
cédés plus ou moins blâmables de MM. les docteurs et les médecins eux-mêmes y trouveront d'excellens et sages préceptes
sur les règles à suivre dans l'accomplissement de leurs devoirs.
— Il est écrit avec un grand esprit d'observation et une indé-
pendance rare.

IMPRIMERIE DE A. BARBIER, RUE DES MARAIS S.-G., N. 17.